DOUANES FRANCAISES.

TRAITÉS

AVEC

L'ANGLETERRE ET LA BELGIQUE

SUIVIS

D'INSTRUCTIONS GÉNÉRALES ET NOTES EXPLICATIVES

PUBLIÉ

Par M. MOURET, Employé des Douanes à Marseille.

PRIX : 3 Francs 50.

MARSEILLE
IMPRIMERIE ET LITHOGRAPHIE SENÈS, RUE PARADIS, 36.

1862.

TRAITÉS

AVEC

L'ANGLETERRE ET LA BELGIQUE

SUIVIS

D'INSTRUCTIONS GÉNÉRALES ET NOTES EXPLICATIVES

AINSI QUE D'UN

TARIF DE LA COMPOSITION DU TONNEAU D'AFFRÈTEMENT

Pour les Navires étrangers faisant le Commerce entre la France et les Colonies françaises des Antilles et de La Réunion.

Publié par M. MOURET, Employé des Douanes à Marseille.

MARSEILLE

IMPRIMERIE ET LITHOGRAPHIE SENÈS, RUE PARADIS, 36.

1862.

EXPLICATIONS DES SIGNES ET ABRÉVIATIONS.

L'astérisque * placée à la suite du nom de quelques marchandises indique celles qui, taxées à plus de 20 fr. par 100 kil., ou nommément désignées soit par l'art. 8 de la loi du 27 mars 1817, soit par des lois ou décrets postérieurs, ne peuvent être importées que par certains bureaux, conformément à la restriction d'entrée établie par l'art. 20 de la loi du 28 avril 1816.

Les numéros entre parenthèses renvoient aux Notes explicatives qui se trouvent à la suite du Tableau des Droits.

Les lettres B et N. placées dans la colonne intitulée : *Unités sur lesquelles portent les droits*, ont pour objet d'indiquer si la taxe doit être perçue sur le poids brut ou sur le poids net.

Enfin les dates qui figurent dans la colonne intitulée : *Titres de Perception* sont les dates des lois ou décrets des Traités.

INSTRUCTIONS GÉNÉRALES.

Les dispositions générales qui suivent servent de règle pour l'exécution du Traité anglais comme pour celle du Traité belge.

§ 1.

Importation.

Les traités conclus avec l'Angleterre en 1860 et avec la Belgique en 1861, ne profitent qu'aux produits d'*origine et de manufacture* britannique et belge importés *directement* d'Angleterre et de Belgique.

Les modérations de droits résultant du traité ne sont acquises qu'aux marchandises du Royaume-Uni et des Iles de la Manche. Les produits des autres possessions britanniques en Europe (telles que Malte, Gibraltar) et ceux des colonies anglaises hors d'Europe suivent le droit commun (Voir plus bas pour le coton, la laine, le jute, etc.).

L'importation peut avoir lieu par navire français, par navire du pays de provenance (anglais ou belge), ou par navire tiers, et, de plus, par terre de Belgique.

Le régime applicable aux importations directes d'Angleterre par navire anglais, et de Belgique par navire belge et par terre, est le même que celui afférent aux importations directes par navire français.

Un droit spécial, indiqué plus bas, affecte les importations directes par navire tiers.

§ 2.

Certificat d'origine.

La production du certificat d'origine n'est pas exigée :

1° Pour les objets apportés par les voyageurs en dehors de toute opération commerciale ;

2° Pour la houille et le coke ;

3° Pour les produits de la librairie ;

4° Pour la laine en masse d'Australie, le coton en laine de l'Inde, le jute peigné, les châles et les écharpes des Indes : mais pour les cotons de l'Inde comme pour la laine d'Australie extraits des entrepôts d'Angleterre ou de Belgique, les importateurs auront à produire des certificats authentiques attestant qu'ils sont originaires, l'un (le coton) de l'Inde : l'autre, (la laine) d'Australie.

Le coton de l'Inde, la laine d'Australie, le jute peigné, sont admis en franchise lorsqu'ils sont importés directement des lieux mêmes de production par navires français, belges ou anglais.

§ 3.

Produits non repris aux Traités.

Il n'a pas été dérogé aux anciens traités qui, pour l'intercourse directe, assimilent les pavillons anglais et belges au pavillon français ; par conséquent, non-seulement les produits non repris au traité, mais encore les *produits de toute origine* importés *directement* d'Angleterre ou de Belgique, sous pavillon anglais ou belge, sont soumis aux droits afférents, *d'après le Tarif général,* aux importations par navires français.

Ce régime est le seul applicable aux provenances de Malte et de Gibraltar.

§ 4.

Produits non originaires d'Angleterre ou de Belgique repris aux Traités.

En vertu des conventions rappelées au paragraphe précédent, on applique le droit des importations par navires français (Tarif général) aux produits non originaires d'Angleterre ou de Belgique repris aux traités. Il en serait de même des produits pour lesquels la justification d'origine ne serait pas produite. Il demeure entendu que le transport devrait toujours avoir été effectué *directement* par navire du pays de provenance, c'est-à-dire anglais ou belge.

Dans le cas où les produits dont il s'agit seraient frappés, d'après le Tarif général, à des droits différentiels de provenance, c'est-à-dire, à des droits variant suivant la provenance, il faudrait soumettre ces produits, en dehors du régime conventionnel d'entrée, au paiement de la surtaxe afférente aux importations, soit d'ailleurs que des pays d'origine, soit des entrepôts d'Europe, sous pavillon français.

Les surtaxes dont il s'agit ne seront pas exigées sur les cotons de l'Inde, sur les laines d'Australie et sur le jute peigné.

§ 5.

Importations par terre.

Le bénéfice du traité est acquis aux produits d'origine ou de manufacture belge importés directement de Belgique par terre, comme à ceux importés par mer sous pavillon français ou belge.

Les marchandises non originaires de Belgique, importées par terre, sont soumises aux droits afférents, d'après le Tarif général, aux importations sous pavillon français, des entrepôts ou d'ailleurs que des pays d'origine.

Quant aux produits non originaires de Belgique pour lesquels il n'existe aucune taxe différentielle, soit de provenance, soit d'origine, d'après le Tarif général, le droit à appliquer est celui des importations par navire français.

Les cotons en laine de l'Inde, la laine d'Australie et le jute peigné sont admis en franchise à leur importation par terre.

§ 6.

Importations par navires tiers.

Les produits d'*origine ou de manufacture* belge ou anglaise, venus *en droiture* en France, des ports belges ou anglais, sous pavillon tiers, sont admis à jouir du tarif conventionnel : mais, dans ce cas, ils demeurent assujettis aux surtaxes spéciales de navigation déterminées ci-après, et les bâtiments importateurs restent soumis aux droits ordinaires de navigation.

Les surtaxes imposables aux marchandises importées par navires des tierces puissances, sont :

1° La surtaxe fixe de 0 fr. 25 c. par 100 kil., lorsque ces marchandises sont affranchies de tout droit d'entrée ou lorsqu'elles sont taxées à moins de 3 fr. les 100 kil.

2° Aux surtaxes édictées par l'art. 7 de la loi du 28 avril 1816 (surtaxe du dixième), lorsque ces marchandises sont assujetties à un droit de 3 fr. et au-dessus.

Ainsi les houilles importées par navire tiers sont soumises au droit de 0 fr. 15 c. afférent aux importations par navire français, plus la surtaxe fixe de 0 fr. 25 c.; soit 0 fr. 40 c. en principal et 0 fr. 48 c. avec le double décime.

Dans le cas où des bâtiments tiers importeraient de Belgique ou d'Angleterre des marchandises non originaires de ces pays ou pour lesquelles il ne serait pas fourni de certificats d'origine, ces marchandises demeureraient soumises aux conditions du Tarif général et acquitteraient le droit des importations par navires étrangers.

§ 7.

Extension à l'Algérie des dispositions des Traités anglais et belges.

Sont étendues à l'Algérie les dispositions des Traités belges et anglais tant pour l'exportation des produits de cette possession que pour l'importation des marchandises anglaises et belges. Mais les importateurs, en Algérie, sont libres d'opter pour l'application du tarif colonial, lorsque celui-ci leur paraîtra plus favorable. D'un autre côté, les produits désignés dans le tarif conventionnel qui seront importés d'Angleterre ou de Belgique par navire anglais ou belge, auront à supporter, en Algérie, les surtaxes de pavillon dont il a été question à l'article : *Importation par navires tiers*. En d'autres termes, les produits importés en Algérie directement d'Angleterre ou de Belgique par navire anglais ou belge seront traités, dans notre colonie, comme ces mêmes produits le sont en France, lorsque l'importation a lieu par navire tiers.

§ 8.

Marchandises taxées à la valeur.

Toute déclaration d'une marchandise taxée *à la valeur* devra être accompagnée d'une facture qui indique le prix au lieu d'achat. La douane pourra, en outre, se faire représenter les connaissements.

La facture, qui doit émaner du fabricant ou du vendeur, sera visée par le consul de France ; elle doit indiquer le prix *réel*, c'est-à-dire, la valeur normale et régulière dans le pays de production.

La valeur déclarée par l'importateur est ce prix net et effectif, augmenté des frais ordinaires de transport, d'assurance et de commission jusqu'à son arrivée ou son débarquement en France. Le montant de l'assurance doit être compris dans la valeur déclarée par l'importateur, alors même qu'en fait la marchandise n'aurait pas été assurée.

Quand les factures présentées mentionnent des escomptes ou remises quelconques, la douane ne peut en tenir compte qu'autant qu'ils ne font pas obstacle à ce que le prix régulier puisse être rétabli, de manière que les mêmes produits, quel que soit le déclarant, supportent autant que possible la même somme de droits.

Ce sera toujours la valeur *actuelle*, au moment de la déclaration, qui servira de base à l'application du droit. Mais la valeur, au débarquement, devra être mentionnée exactement sur les sommiers d'entrepôt et, s'il y a lieu, sur les acquits de mutation d'entrepôt et de transit, afin qu'elle puisse être consultée comme point de départ et d'appréciation.

§ 9.

Droit de préemption.

L'importateur contre lequel la douane voudra exercer le droit de préemption, pourra, s'il le préfère, demander l'estimation de sa marchandise par des experts.

La même faculté appartiendra à la douane.

Lorsqu'il y a expertise, la liquidation portera sur la valeur déclarée, si la déclaration est reconnue exacte ou si l'expertise ne fait ressortir qu'une mésestimation inférieure à 5 %.

Si l'atténuation de valeur contestée excède 5 %, mais n'atteint pas 10 p. %, la douane aura la faculté de préempter ou de recouvrer les droits sur la valeur reconnue.

Quand le résultat de l'expertise accusera une mésestimation de la part du déclarant de 10 % ou plus, la douane demeurera libre ou de préempter ou de percevoir le droit augmenté de 50 % à titre d'amende.

Lorsqu'il sera procédé à la préemption, elle sera notifiée, dans les vingt-quatre heures qui suivront soit la visite, soit l'arbitrage des experts, si l'on a recours à leur intervention.

La douane aura ensuite quinze jours pour payer à l'importateur la valeur de la marchandise portée dans la déclaration et le vingtième en sus.

A l'égard des 50 p. % du droit exigible comme pénalité, on agira suivant ce qui est prescrit en ce qui touche le double droit pour excédant. La marchandise pourra être retenue jusqu'à ce que l'importateur ait acquitté l'amende ou fourni une caution.

Si la valeur déterminée par la déclaration arbitrale excède la valeur déclarée de 5 p. %, les frais de l'expertise seront supportés par le déclarant ; dans l'hypothèse contraire, ils seront supportés par la douane. En cas de contestation sur le chiffre de ces frais, ils seront arbitrés par le président du tribunal.

§ 10.

Arbitres-Experts.

Les deux arbitres-experts seront nommés, l'un par le déclarant, l'autre par le chef local du service des douanes ; en cas de partage ou même au moment de la constitution de l'arbitrage, si le déclarant le requiert, les experts choisiront un tiers arbitre, et, s'il y a désaccord, celui-ci sera nommé par le président du tribunal de commerce, à défaut, par le président du tribunal de commerce du lieu le plus voisin.

La décision devra être rendue dans les quinze jours qui suivront la constitution de l'arbitrage.

Toutes les fois que la douane ou l'importateur réclamera l'expertise, l'un ou l'autre, suivant le cas, notifiera par écrit ses intentions à la partie adverse, aussitôt après la reconnaissance des marchandises. Cette notification, qui devra avoir lieu dans les vingt-quatre heures qui suivront la reconnaissance, sera faite dans la forme administrative par le receveur du bureau où la déclaration aura été enregistrée. Si un tiers arbitre doit être nommé, c'est pareillement au receveur, après s'être préalablement entendu avec le chef de la visite qu'appartiendra le soin de présenter requête au président du tribunal de commerce.

§ 11.

Restrictions d'entrée.

Les produits qui jusqu'à présent étaient demeurés prohibés suivront, pour les bureaux d'entrée, le régime des marchandises non prohibée ec lesquelles ils ont le plus d'analogie; ainsi, les fers en massiaux pourront entrer que par les bureaux ouverts à l'importation des s en barres; les ouvrages en fonte et les ouvrages en acier, par les reaux ouverts à l'entrée de la fonte et de l'acier, et les ouvrages en étaux divers, par les bureaux ouverts à l'importation de ces mêmes étaux.

En ce qui concerne les autres produits, notamment les machines, s ouvrages d'or et d'argent, la librairie, les fils et tissus de lin et de auvre, les châles et écharpes de cachemire des Indes, etc., les pres- iptions actuelles, quant à la désignation des bureaux d'entrée, sont aintenues.

Est levée la prohibition d'entrée par terre édictée par la loi du 28 avril 16 à l'égard des marchandises (denrées coloniales) qui y sont dési- ées, lesquelles pouvaient déjà, en vertu du traité du 27 février 1854, re importées de Belgique par Lille et Valenciennes. Ces marchandises, r toute l'étendue de la frontière belge, ne seront plus soumises qu'à restriction édictée par l'art. 20 de la loi du 28 avril 1816. (Voir article : *Explications des signes*, page 2.)

Les ports de Marseille, Bordeaux, Nantes, Rouen, le Havre, Dieppe, oulogne, Calais, Dunkerque, et les bureaux de douanes de Paris, urcoing, Roubaix, Lille, Valenciennes, Mulhouse, Strasbourg et yon, sont ouverts à l'importation des fils de coton et de laine de ute sorte, d'origine anglaise ou belge.

Les produits ci-après dénommés, d'origine ou de manufacture an- ais ou belge, et repris dans les conventions et le traité susvisés, ne ourront être importés, soit par mer, soit par terre, que par les ureaux ouverts à l'importation :

1° Des marchandises taxées à plus de 20 fr. par 100 kilogrammes :

La carrosserie;

Les cartes à jouer;

La chicorée brûlée ou moulue;

La coutellerie;

Les ouvrages en peau ou en cuir;

Les ouvrages en crin ou en poil de vache, purs ou mélangés;

Les produits chimiques, les savons ordinaires;

Les verreries et cristaux :

Gobeletterie et cristaux blancs et colorés;

Verres à vitres;

Verres de couleur, polis ou gravés;

Verres de montre et d'optique;

Objets de verre non dénommés;

2° Des machines et mécaniques; les bâtiments de mer, les coques de bâtiment de mer, les bateaux de rivière;

3° Des fils de laine; les fils d'alpaga, de lama et de vigogne; les fils de poil de chameau.

Les ports de Marseille, Bordeaux, Nantes, Rouen, le Havre, Boulogne, Calais, Dunkerque, et les bureaux de douane de Lille, Mulhouse, Lyon, Valenciennes, Strasbourg et Chambéry, sont ouverts, comme le bureau de Paris, à l'importation directe et à l'acquittement des tissus anglais et belges taxés à la valeur.

Les autres ports de France et les autres bureaux de la frontière de Belgique déjà ouverts au transit des marchandises non prohibées pourront recevoir les mêmes tissus d'origine britannique ou belge, mais seulement pour le transit ou pour être dirigés sous plomb et par acquit-à-caution sur l'une des douanes désignées dans le § 1er du présent article, et qui seules vérifieront ces marchandises et percevront les droits d'entrée.

L'acquittement des droits d'entrée sur les tissus belges ou anglais importés dans les conditions des traités franco-anglais et franco-belge ne pourra avoir lieu en Algérie que dans les ports d'Alger et d'Oran.

§ 12.

Restrictions d'emballage.

La loi du 17 décembre 1814 a subordonné l'importation des outils à la condition que le même colis n'en contiendrait pas d'espèces différentes.

La douane pourra tolérer que des outils diversement taxés soient placés dans le même colis, sauf aux importateurs à séparer les catégories, de manière à prévenir les lenteurs d'une vérification qui devrait être précédée du triage des objets. Il est entendu que les déclarations devront toujours, conformément aux prescriptions générales, indiquer le poids distinct de chaque catégorie.

La restriction d'emballage résultant pour la librairie de la loi du 27 mars 1817 et de l'ordonnance du 13 décembre 1842, n'a pas d'application à l'égard de celle qui serait importée de Belgique dans les conditions du traité.

Les fils et les toiles de lin et de chanvre, les fils et tissus de coton, les fils de laine, les fils d'alpaga, de lama et de vigogne, ainsi que les fils de poil de chameau, ne pourront être importés, tant par mer que par la frontière de terre, qu'en colis ne renfermant que des tissus d'une même espèce ou que des fils d'une même espèce et d'une même classe.

TABLEAU DES DROITS D'ENTRÉE

Applicables à divers produits originaires ou importés de l'Angleterre ou de la Belgique, en vertu des Traités des 26 janvier 1826 et 23 juin 1860, des Conventions des 12 octobre et 16 novembre 1860, et des Décrets des 29 septembre, 26 et 28 octobre 1860, 27 et 29 mai 1861 pour l'Angleterre, et du Traité et de la Convention du 1er mai 1861, et des Décrets des 27 et 29 mai 1861 pour la Belgique.

Nota : Voir à la fin de ce tableau pour les droits applicables aux produits non originaires de l'Angleterre ou de la Belgique, suivant qu'ils sont ou non repris dans le Traité.

DÉNOMINATION DES PRODUITS.	UNITÉS sur lesquelles portent les droits.	TITRES de PERCEPTION.	DROITS (décimes compris) APPLICABLES par navires français, anglais ou belges.	par navires tiers.
			F. C.	F. C.
A				
Abaca — brut ou teillé	....	....	Voir le Tarif général.	
Abaca — fils de) V. fils.				
Abaca — tissus de) V. tissus.				
Abaca — peigné ou tordu	100 k. B.	1er mai 1861.	Exempt.	» 25
Acides * — citrique (3) / sulfurique (4) / nitrique (5)	100 k. B.	16 novembre 1860 / 1er mai 1861.	Exempts.	» 25
Acides * — hydrochlorique (acide muriatique) (6)	—	—	3 60	3 90
Acides * — arsénieux (7) / tartrique (8)	—	—	Exempts.	» 25
Acides * — oxalique (9)	100 k. N.	—	15 »	16 50
Acides * — benzoïque (14) / borique (2)	100 k. B.	—	Exempts.	» 25
Acides * — stéarique — en masse (13)	la valeur.	—	5 p. %	5 p. %
Acides * — stéarique — ouvré — bougies	—	1er mai 1861.	10 p. %	10 p. %
Acides * — stéarique — ouvré — autre	....	....	Voir le Tarif général.	
Acier * — en barres de toute espèce, et feuillard (110)	100 k. N.	12 octobre 1860. 1er mai 1861.	15 »	16 50
Acier * — en tôle ou en bandes (111) — brunes, laminées à chaud, ayant d'épaisseur ... plus d'un demi-millimètre	100 k. N.	—	22 »	24 20
Acier * — en tôle ou en bandes (111) — brunes, laminées à chaud, ayant d'épaisseur ... 1 demi-millimètre ou moins / blanches, laminées à froid, quelle que soit l'ép. / filé, même blanchi pour cordes d'instruments (112)	—	—	30 »	33 »
Acier * — ouvré. V. ouvrages en métaux.				
Agates et autres pierres de même espèce ouvrées *	la valeur.	1er mai 1861.	10 p. %	10 p. %
Aiguilles à coudre, ayant de longueur* (138) — moins de 5 centimètres	100 k. N.	12 octobre 1860. 1er mai 1861.	200 »	212 50
Aiguilles à coudre, ayant de longueur* (138) — 5 centimètres ou plus	—	—	100 »	107 50
Albatres, de toute sorte. — bruts ou équarris / sciés, ayant d'épaisseur ... 16 centimètres et plus	100 k. B.	1er mai 1861.	1 »	1 25
Albatres, de toute sorte. — sciés, ayant d'épaisseur ... moins de 16 centimètres	—	—	1 50	1 75
Albatres, de toute sorte. — sculptés, moulés ou polis — statues modernes	—	—	Exemptes.	» 25
Albatres, de toute sorte. — sculptés, moulés ou polis — autres	—	—	1 50	1 75
Albumine * (99)	100 k. B.	16 novembre 1860 1er mai 1861.	Exempts.	» 25
Alcools * (A) importés d'Angleterre — eaux-de-vie — en bouteilles	l'hect. de liq.	1er mai 1861.	15 »	15 »
Alcools * (A) importés d'Angleterre — eaux-de-vie — autrement qu'en bouteilles / autres	l'hect. d'alcool pur.	16 novembre 1860	15 »	15 »
Aluminate de soude * (71)	la valeur.	— 1er mai 1861.	10 p. %	10 p. %
Aluminium *	—	—	10 p. %	10 p. %
Amidon *	100 k. B.	1er mai 1861.	1 50	1 75
Ancres *	—	12 octobre 1860. 1er mai 1861.	10 »	11 »
Anis vert	—	1er mai 1861.	2 »	2 25
Antimoine * — sulfuré fondu	—	12 octobre 1860. 1er mai 1861.	Exempt.	» 25
Antimoine * — métallique ou régule	—	—	8 »	8 80
(A) ALCOOLS IMPORTÉS DE LA BELGIQUE.				
Alcools * — eaux-de-vie — en bouteilles	l'hect. de liq.	1er mai 1861.	15 »	15 »
Alcools * — eaux-de-vie — autrement qu'en bouteilles / autres	l'hect. d'alcool pur.	—	20 »	20 »

DÉNOMINATION DES PRODUITS.	UNITÉS sur lesquelles portent les droits.	TITRES de PERCEPTION.	DROITS (décimes compris) APPLICABLES par navires français, anglais ou belges.	par navires tiers.
			F. C.	F. C.
Ardoises de construction, brutes	100 k. B.	1er mai 1861.	Exemptes.	» 25
Ardoises pour toiture	le mille en n.	—	4 »	4 »
Ardoises en carreaux ou en tables	le cent en n.	—	10 »	10 »
Argentan, nikel pur ou allié d'autres métaux * (135), en lingots ou masses brutes	100 k. B.	12 octobre 1860. 1er mai 1861.	Exempts.	» 25
Argentan battu, laminé ou étiré	100 k. N.	—	15 »	16 10
Argentan ouvré	—	—	100 »	107 50
Armes de commerce * (159) blanches	—	12 octobre 1860. 1er mai 1861.	40 »	44 »
Armes de commerce à feu	—	—	240 »	254 40
Articles d'emballage ayant déjà servi (156)	100 k. B.	1er mai 1861.	Exempts.	» 25
Avirons (154)	—	12 octobre 1860. 1er mai 1861.	Exempts.	» 25
Azur. V. cobalt vitrifié (74).				
B				
Bâtiments (160) de mer construits dans le Royaume-Uni ou en Belgique, non immatriculés ou naviguant sous pavillon britannique ou belge, en bois	le tonneau de jauge franç.	12 octobre 1860. 1er mai 1861.	25 »	25 »
Bâtiments idem, en fer	—	—	70 »	70 »
Bateaux de rivière et coques de bâtiments de mer, en bois	—	1er mai 1861.	15 »	15 »
Bateaux de rivière et coques de bâtiments de mer, en fer	—	—	50 »	50 »
Bicarbonate de soude et autres sels de soude non dénommés * (35) (36)	100 k. B.	16 novembre 1860. 1er mai 1861.	5 25	5 70
Bière *	l'hectolitre de liquide.	—	4 40	4 40
Bijouterie et **Orfèvrerie** en or, argent, platine ou autres métaux * (144)	100 k. N.	12 octobre 1860. 1er mai 1861.	500 »	517 50
Bimbeloterie * (148)	la valeur.	1er mai 1861.	10 p. %	10 p. %
Bismuth (étain de glace)	100 k. B.	12 octobre 1860. 1er mai 1861.	Exempts.	» 25
Blanc de baleine et de cachalot *	—	29 mai 1861.	4 »	4 »
Blanc de zinc. V. oxyde de zinc.				
Bois de teinture moulus *	—	1er mai 1861.	Exempts.	» 25
Bonneterie. V. tissus selon l'espèce.				
Borax brut * (31)	—	16 novembre 1860. 1er mai 1861.	Exempt.	» 25
Bougies de blanc de baleine ou de cachalot et autres bougies de toute sorte *	la valeur.	1er mai 1861.	10 p. %	10 p. %
Bourre de soie en masse, cardée et filée. V. soies.				
Bourre de soie, tissus de. V. tissus.				
Bouteilles en verre, pleines ou vides, de toutes formes (175)	100 k. B.	—	2 10	2 35
Boutons autres que de passementerie, communs ou fins *	la valeur.	16 novembre 1860. 1er mai 1861.	10 p. %	10 p. %
Briques	100 k. B.	1er mai 1861.	Exemptes.	» 25
Brome * (76)	—	16 novembre 1860. 1er mai 1861.	Exempt.	» 25
Brosserie, de toute espèce *	la valeur.	—	10 p. %	10 p. %
Byssus de pinnes-marines *	100 k. B.	1er mai 1861.	Exempts.	» 25
C				
Câbles et **Chaines** en fer * (137)	100 k. B.	12 octobre 1860. 1er mai 1861.	10 »	11 »
Cacao Fèves et pellicules			Voir le Tarif général.	
Cacao simplement broyé. V. chocolat.				
Cadmium brut	100 k. B.	1er mai 1861.	Exempt.	» 25
Caoutchouc et **Gutta-Percha** * purs ou mélangés (151)	100 k. N.	16 novembre 1860. 1er mai 1861.	20 »	22 »
Caoutchouc et **Gutta-Percha**, Ouvrages en : appliqués sur tissus en pièces ou sur d'autres matières	—	—	100 »	107 50
Ouvrages en : en tissus élastiques, pièces de toutes dimensions (152)	—	—	200 »	212 50
Ouvrages en : Chaussures (153)	—	—	60 »	65 50
Ouvrages en : Vêtements confectionnés	—	—	120 »	128 50

DÉNOMINATION DES PRODUITS.		UNITÉS sur lesquelles portent les droits.	TITRES de PERCEPTION.	DROITS (décimes compris) APPLICABLES par navires français, anglais ou belges.	DROITS (décimes compris) APPLICABLES par navires tiers.
				F. C.	F. C.
Caractères d'imprimerie. *	neufs	100 k. B.	12 octobre 1860. 1er mai 1861.	10 »	11 »
	vieux	—	—	5 »	5 50
Carbonates *	de soude, cristallisé (cristaux de soude) (36)	—	16 novembre 1860. 1er mai 1861.	6 65	7 30
	de soude, à tous degrés (sel de soude) (35)	100 k. N.	—	15 50	17 »
	de magnésie (37) / de potasse (34)	100 k. B.	—	Exempts.	» 25
	de plomb (38)	—	1er mai 1861.	5 »	5 50
Cardes. V. machines et mécaniques.					
Carreaux de terre (poterie grossière)		—	—	Exempts.	» 25
Carrosserie * (147)		la valeur.	12 octobre 1860. 1er mai 1861.	10 p. %	10 p. %
Cartes	géographiques	100 k. B.	1er mai 1861.	Exemptes.	» 25
	à jouer * (157)	la valeur	—	15 p. % plus 48 centimes par jeu.	
Carton *	en feuilles, de toute sorte	100 k. B.	—	10 »	11 »
	moulé, dit papier mâché / coupé et assemblé	la valeur.	—	10 p. %	10 p. %
Chaines en fer. V. câbles.					
Chandelles		—	—	10 p. %	10 p. %
Chanvre	en tiges ou teillé et étoupe	....	....	Voir le Tarif général.	
	peigné	100 k. B.	1er mai 1861.	Exempt.	» 25
	(Fils de) V. fils.				
	(Tissus de) V. tissus.				
Chaussons de lisières. V. tissus de laine.					
Chaussures en caoutchouc ou en gutta-percha. V. caoutchouc.					
Chicorée brûlée ou moulue *		100 k. B.	1er mai 1861.	5 »	5 50
Chlorate de potasse *		100 k. N.	16 novembre 1860.	104 60	112 30
Chlorures *	de potassium (hydrochlorate ou muriate de potasse) (45)	100 k. B.	—	Exempt.	» 25
	de chaux	100 k. N.	1er mai 1861.	11 75	12 90
	de magnésium (43)	100 k. B.	16 novembre 1860. 1er mai 1861.	4 »	4 40
	d'aluminium	la valeur.	—	10 p. %	10 p. %
Chocolat et **Cacao** simplement broyé *		100 k. N.	1er mai 1861.	35 »	38 50
Chromates de plomb et de potasse * (32 et 33)		la valeur.	16 novembre 1860. 1er mai 1861.	10 p. %	10 p. %
Cirage, de toute sorte *		100 k. B.	—	4 »	4 40
Cire	brute, jaune, brune ou blanche	—	1er mai 1861.	1 »	1 25
	ouvrée, bougies	la valeur.	—	10 p. %	10 p. %
	ouvrée, autre (jaune ou blanche)	....	....	Voir le Tarif général.	
Cire à cacheter *		100 k. N.	16 novembre 1860. 1er mai 1861.	30 »	33 »
Citrate de chaux * (40)		100 k. B.	16 novembre 1860. 1er mai 1861.	Exempt.	» 25
Clichés avec ou sans dessins * (167)		—	1er mai 1861.	10 »	11 »
Cobalt vitrifié *	en masse—smalt / en poudre-azur	—	—	Exempt.	» 25
Colle *	de poisson	100 k. N.	—	40 »	44 »
	forte	la valeur.	—	5 p. %	5 p. %
Cordes et câbles (cordages)	de fibres de coco (hastings), de sparte, de tous calibres, en fils ou tresses battues ou non, de tilleuls ou de joncs	....	....	Voir le Tarif général.	
	autres *	100 k. N.	1er mai 1861.	15 »	16 50
Cordes métalliques blanches pour instruments. V. acier filé.					
Cornes de bétail brutes		100 k. B.	—	Exemptes.	» 25
Cornues à gaz	en poterie. V. poterie.				
	en fonte. V. ouvrages en métaux.				

DÉNOMINATION DES PRODUITS.	UNITÉS sur lesquelles portent les droits.	TITRES de PERCEPTION.	DROITS (décimes compris) APPLICABLES par navires français, anglais ou belges.	DROITS (décimes compris) APPLICABLES par navires tiers.
			F. C.	F. C.
Coton * — en laine — de l'Inde	100 k. N.	16 novembre 1860. 1er mai 1861.	Exempt.	Droit du Tarif général.
Coton — en laine — autre	—	—	3 60	—
Coton — non égrené — de l'Inde	100 k. B.	—	Exempt.	—
Coton — non égrené — autre	—	—	» 90	—
Coton — en feuilles cardées ou gommées (ouate)	—	—	10 »	11 »
Coton — Fils de) V. fils.				
Coton — Tissus de) V. tissus.				
Couleurs non dénommées sèches, en pâtes ou liquides * (98)	la valeur.	1er mai 1861.	5 p. %.	5 p. %
Coutellerie, de toute espèce * (144)	—	12 octobre 1860. 1er mai 1861.	20 p. %.	20 p. %.
Contil — de coton. V. tissus de coton.				
Contil — de lin ou de chanvre. V. tissus de lin ou de chanvre.				
Couvertures. V. tissus selon l'espèce.				
Crayons — simples, en pierre	100 k. B.	1er mai 1861.	1 »	1 25
Crayons — composés, à gaîne de bois *	la valeur.	—	10 p. %.	10 p. %.
Crême de tartre. V. tartrate.				
Creusets. V. poterie.				
Crins — bruts de toute nature, même préparés ou frisés	100 k. B.	16 novembre 1860. 1er mai 1861.	Exempts.	» 25
Crins — Tissus de) V. tissus.				
Cristal de roche — ouvré	—	—	Exempt.	» 25
Cristal de roche — monté. Comme bijouterie ou orfèvrerie.				
Cristaux — V. verres et cristaux.				
Cristaux — de soude. V. carbonate de soude cristallisé.				
Cristaux — de tartre. V. tartrates.				
Cuivre * — pur ou allié de zinc ou d'étain — de 1re fusion, en masses, barres, saumons ou plaques; laminé ou battu, en barres ou planches (114)	100 k. B.	12 octobre 1860. 1er mai 1861.	Exempt.	» 25
Cuivre — pur ou allié de zinc ou d'étain — en fils — de toute dimension, polis ou non (114); teints en jaune imitant la dorure (115)	100 k. N.	—	15 »	16 50
Cuivre — doré ou argenté (115) — en masses ou lingots; battu, tiré ou laminé; filé sur fil ou sur soie	—	—	100 »	107 50
Cuivre — Débris de vieux ouvrages en cuivre	100 k. B.	—	Exempts.	» 25
Cylindres en cuivre ou laiton pour impression, gravés ou non * (167)	100 k. N.	—	15 »	16 50
D				
Débris de vieux ouvrages — en cuivre, en étain, en plomb et en zinc. V. ces mots.				
Débris de vieux ouvrages — en fer et en fonte. V. ferrailles.				
Dégras de peaux	100 k. B.	1er mai 1861.	Exempts.	» 25
Dentelles. V. tissus selon l'espèce.				
Dents de loup	—	—	Exemptes.	» 25
Dérivés de l'essence de houille * (79) (80) (81) (82) (83) (84)	la valeur.	—	5 p. %.	5 p. %.
Dés en acier. V. ouvrages en métaux.				
Dessins. V. gravures.				
E				
Eaux — de senteur — avec alcool	l'hect. d'alcool pur.	1er mai 1861.	20 »	20 »
Eaux — de senteur — sans alcool	100 k. B.	—	10 »	11 »
Eaux — de-vie. V. alcool.				
Écorces médicinales non dénommées (écorces de quinquina comprises)	—	—	2 »	2 25
Écossines — brutes, taillées ou sciées	—	—	Exemptes.	» 25
Écossines — sculptées ou polies * — statues modernes	—	—		
Écossines — sculptées ou polies * — autres	—	—	» 50	» 75
Émaux * (181)	—	—	10 p. %.	10 p. %.
Emballages V. articles d'emballage.			Plus 2 fr. par 100 k. B.	Plus 2 fr. 25 par 100 k. B.

DÉNOMINATION DES PRODUITS.	UNITÉS sur lesquelles portent les droits.	TITRES de PERCEPTION.	DROITS (décimes compris) APPLICABLES par navires français, anglais ou belges.	par navires tiers.
			F. C.	F. C.
Encre à écrire, à dessiner ou à imprimer*	100 k. N.	16 novembre 1860. 1er mai 1861.	20 »	22 »
Épices préparées *. — Moutarde	100 k. B.	1er mai 1861.	5 »	5 50
Épices préparées *. — Sauces	100 k. N.	16 novembre 1860. 1er mai 1861.	25 »	27 50
Épices préparées *. — autres			Voir le Tarif général.	
Épingles, de toute sorte * (138)	100 k. N.	16 novembre 1860. 1er mai 1861.	50 »	55 »
Éponges, de toute sorte *	—	29 mai 1861.	55 »	55 »
Essence de houille (79)	la valeur.	1er mai 1861.	5 p. °/ₒ	5 p. °/ₒ
Étain — en masses brutes, saumons, barres ou plaques (117)	100 k. B.	12 octobre 1860. 1er mai 1861.	Exempt.	» 25
Étain — allié d'antimoine (métal britannique), en lingots (134)	—	—	5 »	5 50
Étain — pur ou allié, battu ou laminé *	—	—	6 »	6 60
Étain — Débris de vieux ouvrages en étain	—	—	Exempts.	» 25
Étiquettes imprimées, gravées ou coloriées *	—	1er mai 1861.	Exemptes.	» 25
Extraits de bois de teinture *. — Noirs et violets	100 k. N.	16 novembre 1860. 1er mai 1861.	20 »	22 »
Extraits de bois de teinture *. — Rouges et jaunes	—	—	30 »	33 »
F				
Faïence *. — stannifère (170) — pâte colorée, glaçure blanche	100 k. B.	16 novembre 1860. 1er mai 1861.	Exempte.	» 25
Faïence *. — stannifère (170) — glaçure colorée, majolique, vernissée, multicolore; fine	la valeur.	—	20 p. °/ₒ	20 p. °/ₒ
Fanons de baleine, bruts	100 k. B.	29 mai 1861.	2 »	2 »
Fards blanc ou rouge *	—	1er mai 1861.	10 »	11 »
Fer — Fonte * (sans distinction de poids.) — brute, en masse et fonte moulée pour lest de navires (101)	—	—	2 50	2 75
Fer — Fonte * (sans distinction de poids.) — épurée, dite mazée (102)	—	12 octobre 1860. 1er mai 1861.	3 25	3 50
Fer — en barres carrées, rondes ou plates * (104); rails de toute forme et dimension * (104); fers d'angle et à T * (104)	—	—	7 »	7 70
Fer — brut, en massiaux ou prismes, retenant encore des scories *	—	—	5 »	5 50
Fer — feuillard en bande d'un millim. d'épaiss. ou moins * (106); Tôles * (106) — laminées ou martelées de plus d'un millim. d'épaiss., en feuilles pesant — 200 kil. ou moins et dont la largeur n'excède pas 1 m. 20 cent., ni la longueur 4 m. 50 cent.	—	—	8 50	9 30
Fer — Tôles * (106) — laminées ou martelées de plus d'un millim. d'épaiss., en feuilles pesant — plus de 200 kil. ou bien dont la largeur excède 1 m. 20 cent. ou la longueur 4 m. 50 cent.	—	—	9 50	10 40
Fer — Tôles * (106) — minces et fers noirs en feuilles, d'un millimètre d'épaisseur ou moins	100 k. N.	—	13 »	14 30
Fer — Tôles * (106) — laminées, martelées ou minces et fers noirs en feuilles, planes, découpées d'une façon quelconque	—	—	Droits des tôles et fers noirs en feuilles rectangulaires, selon l'espèce, et le dixième en sus.	
Fer — étamé (fer-blanc), cuivré, zingué ou plombé (107)	—	—	16 »	17 60
Fer — fils de fer, qu'ils soient ou non étamés, cuivrés ou zingués * (108) — de 5 dixièmes de millimètre de diamètre ou moins	—	—	14 »	15 40
Fer — fils de fer, qu'ils soient ou non étamés, cuivrés ou zingués * (108) — autres	100 k. B.	—	7 »	7 70
Fer — ouvré. V. ouvrages en métaux.				
Ferrailles * — débris de vieux ouvrages en fer	—	—	3 25	3 50
Ferrailles * — débris de vieux ouvrages en fonte	—	—	2 50	2 75
Feuilles médicinales non dénommées	—	1er mai 1861.	2 »	2 25
Feutres, de toute sorte * (235)	la valeur.	16 novembre 1860. 1er mai 1861.	15 p. °/ₒ	15 p. °/ₒ
Filets de pêche *	100 k. N.	—	20 »	22 »

DÉNOMINATION DES PRODUITS.	UNITÉS sur lesquelles portent les droits.	TITRES de PERCEPTION.	DROITS (décimes compris) APPLICABLES par navires français, anglais ou belges. F.	C.	par navires tiers. F.	C.
Fils de lin *ou* de chanvre *mesurant au kil* (184) — purs — simples — écrus — 6.000 mètres ou moins	100 k. N.	16 novembre 1860. 1er mai 1861.	15	»	16	50
plus de 6.000 mèt. ; pas plus de 12,000	—	—	20	»	22	»
plus de 12.000 mèt. ; pas plus de 24,000	—	—	30	»	33	»
plus de 24,000 mèt. ; pas plus de 36.000	—	—	36	»	39	60
plus de 36,000 mèt. ; pas plus de 72,000	—	—	60	»	65	50
plus de 72,000 mètres	—	—	100	»	107	50
blanchis *ou* teints — 6,000 mètres *ou* moins	—	—	20	»	22	»
plus de 6,000 mèt. ; pas plus de 12,000	—	—	27	»	29	70
plus de 12,000 mèt. ; pas plus de 24,000	—	—	40	»	44	»
plus de 24,000 mèt. ; pas plus de 36,000	—	—	48	»	52	80
plus de 36,000 mèt. ; pas plus de 72,000	—	—	80	»	86	50
plus de 72.000 mètres	—	—	133	»	142	10
retors — écrus — 6,000 mètres *ou* moins	—	—	19	50	21	40
plus de 6,000 mèt. ; pas plus de 12,000	—	—	26	»	28	60
plus de 12,000 mèt. ; pas plus de 24,000	—	—	39	»	42	90
plus de 24,000 mèt. ; pas plus de 36,000	—	—	46	80	51	40
plus de 36,000 mèt. ; pas plus de 72,000	—	—	78	»	84	40
plus de 72,000 mètres	—	—	130	»	139	»
blanchis *ou* teints — 6,000 mètres *ou* moins	—	—	26	»	28	60
plus de 6,000 mèt. ; pas plus de 12,000	—	—	35	10	38	60
plus de 12.000 mèt. ; pas plus de 24,000	—	—	52	»	57	10
plus de 24,000 mèt. ; pas plus de 36,000	—	—	62	40	68	»
plus de 36.000 mèt. ; pas plus de 72.000	—	—	104	»	111	70
plus de 72.000 mètres	—	—	172	90	184	»
mélangés, le lin ou le chanvre *dominant en poids*	—	—	Mêmes droits que les fils de lin *ou* de chanvre purs, *selon l'espèce* et *la classe*.			
Fils de jute, *mesurant au kilogramme* (185) — purs — écrus — moins de 1,400 mètres	100 k. B.	16 novembre 1860. 1er mai 1861.	7	»	7	70
de 1,400 à 3,700 mètres *exclusivement*	—	—	9	20	10	10
de 3,700 à 4,200 mètres *idem*	100 k. N.	—	10	20	11	20
de 4,200 à 6.000 mètres *inclusivement*	—	—	15	»	16	50
plus de 6,000 mètres	—	—	Mêmes droits que les fils de lin, *selon la classe*.			
blanchis *ou* teints — moins de 1.400 mètres	100 k. B.	—	10	»	11	»
de 1,400 à 3,700 mètres *exclusivement*	100 k. N.	—	13	»	14	30
de 3,700 à 4,200 mètres *idem*	—	—	15	»	16	50
de 4,200 à 6,000 mètres *inclusivement*	—	—	22	»	24	20
plus de 6,000 mètres	—	—	Mêmes droits que les fils de lin, *selon la classe*.			
mélangés, le jute *dominant en poids*	—	—	Mêmes droits que les fils de jute pur, *selon l'espèce* et *la classe*.			
Fils de phormium tenax, d'abaca et d'autres végétaux filamenteux non dén.	la valeur.	16 novembre 1860. 1er mai 1861.	5 p. %		5 p. %	
Fils d'alpaga, de lama *et* de vigogne. — purs						
mélangés — de laine, *quelle que soit la proportion du mélange*		16 novembre 1860. 1er mai 1861.	Mêmes droits que les fils de laine pure.			
mélangés — d'autres filaments quelconques, la laine d'alpaga, de lama et de vigogne *dominant en poids*						
Fils de coton pur, *mesurant au demi-kil.* — simples — écrus — 20,500 mètres *ou* moins	100 k. N.	16 novembre 1860. 1er mai 1861.	15	»	16	50
plus de 20.500 mèt. ; pas plus de 30,500	—	—	20	»	22	»
plus de 30.500 mèt. ; pas plus de 40.500	—	—	30	»	33	»
plus de 40.500 mèt. ; pas plus de 50.500	—	—	40	»	44	»
plus de 50.500 mèt. ; pas plus de 60.500	—	—	50	»	55	»
plus de 60,500 mèt. ; pas plus de 70.500	—	—	60	»	65	50
plus de 70.500 mèt. ; pas plus de 80,500	—	—	70	»	76	»
plus de 80.500 mèt. ; pas plus de 90.500	—	—	90	»	97	»
plus de 90.500 mèt. ; pas plus de 100.500	—	—	100	»	107	50
plus de 100.500 mèt. ; pas plus de 110,500	—	—	120	»	128	50
plus de 110.500 mèt. ; pas plus de 120.500	—	—	140	»	149	50
plus de 120.500 mèt. ; pas plus de 130,500	—	—	160	»	170	50
plus de 130.500 mèt. ; pas plus de 140,500	—	—	200	»	212	50
plus de 140.500 mèt. ; pas plus de 170,500	—	—	250	»	265	»
plus de 170.500 mètres	—	—	300	»	317	50

DÉNOMINATION DES PRODUITS.			UNITÉS sur lesquelles portent les droits.	TITRES de PERCEPTION.	DROITS (décimes compris) APPLICABLES par navires français, anglais ou belges.		par navires tiers.	
					F.	C.	F.	C.
Fils de coton pur, *mesurant au demi-kil.*, (*Suite*) simples blanchis		20,500 mètres *ou* moins	100 k. N.	16 novembre 1860. 1er mai 1861.	17	25	18	90
		plus de 20,500 mèt. ; pas plus de 30,500.	—	—	23	»	25	30
		plus de 30,500 mèt. ; pas plus de 40,500.	—	—	34	50	37	90
		plus de 40,500 mèt. ; pas plus de 50,500.	—	—	46	»	50	60
		plus de 50,500 mèt. ; pas plus de 60,500.	—	—	57	50	62	80
		plus de 60,500 mèt. ; pas plus de 70,500.	—	—	69	»	74	90
		plus de 70,500 mèt. ; pas plus de 80,500.	—	—	80	50	87	»
		plus de 80,500 mèt. ; pas plus de 90,500.	—	—	103	50	111	10
		plus de 90,500 mèt. ; pas plus de 100,500.	—	—	115	»	123	20
		plus de 100,500 mèt. ; pas plus de 110,500.	—	—	138	»	147	40
		plus de 110,500 mèt. ; pas plus de 120,500.	—	—	161	»	171	50
		plus de 120,500 mèt. ; pas plus de 130,500.	—	—	184	»	195	70
		plus de 130,500 mèt. ; pas plus de 140,500.	—	—	230	»	244	»
		plus de 140,500 mèt. ; pas plus de 170,500.	—	—	287	50	304	30
		plus de 170,500 mètres	—	—	345	»	262	50
Fils de coton pur, *mesurant au demi-kilogr.*, (*Suite.*)	simples (*Suite*), teints,	20,500 mètres *ou* moins	100 k. N.	16 novembre 1860. 1er mai 1861.	40	»	44	»
		plus de 20,500 mèt. ; pas plus de 30,500.	—	—	45	»	49	50
		plus de 30,500 mèt. ; pas plus de 40,500.	—	—	55	»	60	20
		plus de 40,500 mèt. ; pas plus de 50,500.	—	—	65	»	70	70
		plus de 50,500 mèt. ; pas plus de 60,500.	—	—	75	»	81	20
		plus de 60,500 mèt. ; pas plus de 70,500.	—	—	85	»	91	70
		plus de 70,500 mèt. ; pas plus de 80,500.	—	—	95	»	102	20
		plus de 80,500 mèt. ; pas plus de 90,500.	—	—	115	»	123	20
		plus de 90,500 mèt. ; pas plus de 100,500.	—	—	125	»	133	70
		plus de 100,500 mèt. ; pas plus de 110,500.	—	—	145	»	154	70
		plus de 110,500 mèt. ; pas plus de 120,500.	—	—	165	»	175	70
		plus de 120,500 mèt. ; pas plus de 130,500.	—	—	185	»	196	70
		plus de 130,500 mèt. ; pas plus de 140,500.	—	—	225	»	238	70
		plus de 140,500 mèt. ; pas plus de 170,500.	—	—	275	»	291	20
		plus de 170,500 mètres	—	—	325	»	342	50
	retors, *en deux bouts*, écrus. (186)	20,500 mètres *ou* moins	—	—	19	50	21	40
		plus de 20,500 mèt. ; pas plus de 30,500.	—	—	26	»	28	60
		plus de 30,500 mèt. ; pas plus de 40,500.	—	—	39	»	42	90
		plus de 40,500 mèt. ; pas plus de 50,500.	—	—	52	»	57	10
		plus de 50,500 mèt. ; pas plus de 60,500.	—	—	65	»	70	70
		plus de 60,500 mèt. ; pas plus de 70,500.	—	—	78	»	84	40
		plus de 70,500 mèt. ; pas plus de 80,500.	—	—	91	»	98	»
		plus de 80,500 mèt. ; pas plus de 90,500.	—	—	117	»	125	30
		plus de 90,500 mèt. ; pas plus de 100,500.	—	—	130	»	139	»
		plus de 100,500 mèt. ; pas plus de 110,500.	—	—	156	»	166	30
		plus de 110,500 mèt. ; pas plus de 120,500.	—	—	182	»	193	60
		plus de 120,500 mèt. ; pas plus de 130,500.	—	—	208	»	220	90
		plus de 130,500 mèt. ; pas plus de 140,500.	—	—	260	»	275	50
		plus de 140,500 mèt. ; pas plus de 170,500.	—	—	325	»	342	50
		plus de 170,500 mèttres	—	—	390	»	407	50
Fils de coton pur, *mesurant au demi-kil.*, (*Suite*).	retors, *en deux bouts* (*Suite*), blanchis.	20,500 mètres *ou* moins	100 k. N.	16 novembre 1860. 1er mai 1861.	22	40	24	60
		plus de 20,500 mèt. ; pas plus de 30,500.	—	—	29	90	32	80
		plus de 30,500 mèt. ; pas plus de 40,500.	—	—	44	85	49	30
		plus de 40,500 mèt. ; pas plus de 50,500.	—	—	59	80	65	20
		plus de 50,500 mèt. ; pas plus de 60,500.	—	—	74	75	80	90
		plus de 60,500 mèt. ; pas plus de 70,500.	—	—	89	70	96	60
		plus de 70,500 mèt. ; pas plus de 80,500.	—	—	104	65	112	30
		plus de 80,500 mèt. ; pas plus de 90,500.	—	—	134	55	143	70
		plus de 90,500 mèt. ; pas plus de 100,500.	—	—	149	50	159	40
		plus de 100,500 mèt. ; pas plus de 110,500.	—	—	179	40	190	80
		plus de 110,500 mèt. ; pas plus de 120,500.	—	—	209	30	222	20
		plus de 120,500 mèt. ; pas plus de 130,500.	—	—	239	20	253	60
		plus de 130,500 mèt. ; pas plus de 140,500.	—	—	299	»	316	40
		plus de 140,500 mèt. ; pas plus de 170,500.	—	—	373	75	391	20
		plus de 170,500 mètres	—	—	448	50	466	»

DÉNOMINATION DES PRODUITS.	UNITÉS sur lesquelles portent les droits.	TITRES de PERCEPTION.	DROITS (décimes compris) APPLICABLES par navires français, anglais ou belges. F.	C.	par navires tiers. F.	C.
Fils de coton pur, *mesurant au demi-kil.* (*Suite*). — retors, *en deux bouts* (*Suite*). — teints. — 20.500 mètres *ou* moins	100 k. n.	16 novembre 1850. 1er mai 1861.	44	50	48	90
plus de 20.500 mèt.; pas plus de 30.500	—	—	51	»	56	»
plus de 30.500 mèt.; pas plus de 40,500	—	—	64	»	69	70
plus de 40.500 mèt.; pas plus de 50.500	—	—	77	»	83	30
plus de 50,500 mèt.; pas plus de 60,500	—	—	90	»	97	»
plus de 60.500 mèt.; pas plus de 70,500	—	—	103	»	110	60
plus de 70,500 mèt.; pas plus de 80,500	—	—	116	»	124	30
plus de 80,500 mèt.; pas plus de 90,500	—	—	142	»	151	60
plus de 90,500 mèt.; pas plus de 100,500	—	—	155	»	165	20
plus de 100.500 mèt.; pas plus de 110,500	—	—	181	»	192	50
plus de 110,500 mèt.; pas plus de 120,500	—	—	207	»	219	80
plus de 120,500 mèt.; pas plus de 130,500	—	—	233	»	247	10
plus de 130.500 mèt.; pas plus de 140.500	—	—	285	»	301	70
plus de 140.500 mèt.; pas plus de 170,500	—	—	350	»	367	50
plus de 170,500 mètres	—	—	415	»	432	50
Fils de coton (*Suite*). — pur (*Suite*). — retors, *en trois bouts ou plus* écrus, blanchis *ou* teints (187). — à simple torsion	les 1.000 mèt. de longueur.	16 novembre 1860. 1er mai 1861.	6 centimes.		6 centimes.	
à plusieurs torsions *ou* câblés	—	—	12 centimes.		12 centimes.	
ourdis en chaîne, écrus, blanchis *ou* teints (188)	100 k. n.	—	Mêmes droits que les fils de coton *retors en deux bouts*, selon l'espèce et le degré de finesse.			
mélangé, le coton *dominant en poids*		—	Mêmes droits que les fils de coton pur.			
Fils de laine pure, *mesurant au kilogr.* (189). — simples, — blanchis *ou* non. — 30.500 mètres *ou* moins	100 k. n.	16 novembre 1860. 1er mai 1861.	25	»	27	50
plus de 30.500 mèt.; pas plus de 40,500	—	—	35	»	38	50
plus de 40.5000 mèt.; pas plus de 50.500	—	—	45	»	49	50
plus de 50.500 mèt.; pas plus de 60.500	—	—	55	»	60	20
plus de 60,500 mèt.; pas plus de 70.500	—	—	65	»	70	70
plus de 70,500 mèt.; pas plus de 80,500	—	—	75	»	81	20
plus de 80.500 mèt.; pas plus de 90.500	—	—	85	»	91	70
plus de 90,500 mèt.; pas plus de 100.500	—	—	95	»	102	20
plus de 100.500 mètres	—	—	100	»	107	50
teints. — 30.5000 mètres *ou* moins	—	—	50	»	55	»
plus de 30,500 mèt.; pas plus de 40.500	—	—	60	»	65	50
plus de 40,500 mèt.; pas plus de 50.500	—	—	70	»	76	»
plus de 50,500 mèt.; pas plus de 60.500	—	—	80	»	86	50
plus de 60.500 mèt.; pas plus de 70.500	—	—	90	»	97	»
plus de 70.500 mèt.; pas plus de 80,500	—	—	100	»	107	50
plus de 80.500 mèt.; pas plus de 90.500	—	—	110	»	118	»
plus de 90.500 mèt.; pas plus de 100.500	—	—	120	»	128	50
plus de 100.500 mètres	—	—	125	»	133	70
retors pour tissage — blanchis *ou* non. — 30.500 mètres *ou* moins	100 k. n.	16 novembre 1860. 1er mai 1861.	32	50	35	70
plus de 30.500 mèt.; pas plus de 40.500	—	—	45	50	50	»
plus de 40.500 mèt.; pas plus de 50,500	—	—	58	50	63	90
plus de 50.500 mèt.; pas plus de 60,500	—	—	71	50	77	50
plus de 60.500 mèt.; pas plus de 70.500	—	—	84	50	91	20
plus de 70.500 mèt.; pas plus de 80.500	—	—	97	50	104	80
plus de 80.500 mèt.; pas plus de 90.500	—	—	110	50	118	50
plus de 90.560 mèt.; pas plus de 100.500	—	—	123	50	132	10
plus de 100.500 mètres	—	—	130	»	139	»
teints. — 30.500 mètres *ou* moins	—	—	57	50	62	80
plus de 30.500 mèt.; pas plus de 40.500	—	—	70	50	76	50
plus de 40.500 mèt.; pas plus de 50.500	—	—	83	50	90	10
plus de 50.500 mèt.; pas plus de 60.500	—	—	96	50	103	80
plus de 60.500 mèt.; pas plus de 70.500	—	—	109	50	117	40
plus de 70.500 mèt.; pas plus de 80.500	—	—	122	50	131	10
plus de 80.500 mèt.; pas plus de 90.500	—	—	135	50	144	70
plus de 90.500 mèt.; pas plus de 100.500	—	—	148	50	158	40
plus de 100.500 mètres	—	—	155	»	165	20

DÉNOMINATION DES PRODUITS.	UNITÉS sur lesquelles portent les droits.	TITRES de PERCEPTION.	DROITS (décimes compris) APPLICABLES par navires français, anglais ou belges. F.	C.	par navires tiers. F.	C.
Fils de laine, pure, *mesurant au kilogr.* (*Suite*), retors pour tapisserie blanchis ou non, 30,500 mètres *ou* moins	100 k. N.	16 novembre 1860. 1er mai 1861.	50	»	55	»
plus de 30,500 mèt.; pas plus de 40,500	—	—	70	»	76	»
plus de 40,500 mèt.; pas plus de 50,500	—	—	90	»	97	»
plus de 50,500 mèt.; pas plus de 60,500	—	—	110	»	118	»
plus de 60,500 mèt.; pas plus de 70,500	—	—	130	»	139	»
plus de 70,500 mèt.; pas plus de 80,500	—	—	150	»	160	»
plus de 80,500 mèt.; pas plus de 90,500	—	—	170	»	181	»
plus de 90,500 mèt.; pas plus de 100,500	—	—	190	»	202	»
plus de 100,500 mètres	—	—	200	»	212	50
Fils de laine (*Suite*), pure (*Suite*), *mesurant au kilog.*, retors (*Suite*) pour tapisserie (*Suite*) teints, 30,500 mètres *ou* moins	100 k. N.	16 novembre 1860. 1er mai 1861.	75	»	81	20
plus de 30,500 mèt.; pas plus de 40,500	—	—	95	»	102	20
plus de 40,500 mèt.; pas plus de 50,500	—	—	115	»	123	20
plus de 50,500 mèt.; pas plus de 60,500	—	—	135	»	144	20
plus de 60,500 mèt.; pas plus de 70,500	—	—	155	»	165	20
plus de 70,500 mèt.; pas plus de 80,500	—	—	175	»	186	20
plus de 80,500 mèt.; pas plus de 90,500	—	—	195	»	207	20
plus de 90,500 mèt.; pas plus de 100,500	—	—	215	»	228	20
plus de 100,500 mètres	—	—	225	»	238	70
mélangée, la laine *dominant en poids*	—	—	Mêmes droits que les fils de laine pure.			
Fils de poils (190) de chèvre	....	....	Voir le Tableau des droits.			
de chameau pur						
de chameau mélangé de laine, *quelle que soit la proportion du mélange*	....	16 novembre 1860. 1er mai 1861.	Mêmes droits que les fils de laine pure.			
de chameau mélangé d'autres filaments quelconques, le poil de chameau *dominant en poids*						
autres	100 k. B.	—	Exempts.		»	25
Fleurs artificielles *	—	—	Exemptes.		»	25
Fleurs médicinales non dénommées	—	1er mai 1861.	2	»	2	25
Fournitures d'horlogerie. V. horlogerie.						
Fromages de pâte dure	—	16 novembre 1860. 1er mai 1861.	10	»	11	»
de pâte molle	—	1er mai 1861.	3	»	3	30
Fruits oléagineux	—	—	Exempts.		»	25
Futailles vides montées ou démontées (154). cerclées en bois	—	16 novembre 1860. 1er mai 1861.	Exemptes.		»	25
cerclées en fer	la valeur.	—	10 p. %		10 p. %	
G						
Garanceine (extrait de garance) (89)	100 k. B.	16 novembre 1860. 1er mai 1861.	Exempte.		»	25
Gélatine *	la valeur.	1er mai 1861.	5 p. %		5 p. %	
Gingembre. V. racines médicinales.						
Glaces * brutes (173)	le mèt. carré.	16 novembre 1860. 1er mai 1861.	2	50	2	50
polies (174)	—	—	5	»	5	»
étamées (174)						
Gobeleterie. V. verres et cristaux.						
Graines oléagineuses	100 k. B.	1er mai 1861.	Exemptes.		»	25
Graisses de toute sorte	—	—	Exemptes.		»	25
Graisses de poisson	—	29 mai 1861.	8	»	8	»
Gravures, lithographies, photographies et dessins de toute sorte, sur papier	—	1er mai 1861.	Exempts.		»	25
Groisil ou verre cassé	—	—	Exempt.		»	25
Gutta-Percha (ouvrages en). V. caoutchouc.						
H						
Hameçons, de toute espèce * (141)	100 k. N.	1er mai 1861.	50	»	55	»
Herbes médicinales non dénommées	100 k. B.	—	2	»	2	25

DÉNOMINATION DES PRODUITS.	UNITÉS sur lesquelles portent les droits.	TITRES de PERCEPTION.	DROITS (décimes compris) APPLICABLES par navires français, anglais ou belges.	par navires tiers.
			F. C.	F. C.
Horlogerie (145) ouvrages montés (145). horloges en bois *	la valeur.	12 octobre 1860.	5 p. %	5 p. %
Horlogerie (145) ouvrages montés (145). autres	la valeur.	1er mai 1861.	5 p. %	5 p. %
Horlogerie fournitures d') (146)	100 k. N.	—	100 »	107 50
Houblon *	—	1er mai 1861.	20 »	22 »
Huiles fixes, pures *	100 k. B.	—	6 »	6 60
Huitres fraîches	le mille en N.	—	1 50	5 »
Hydrochlorate ou muriate de potasse. V. chlorure de potassium.				
I				
Instruments de chimie et de chirurgie *	100 k. B.	1er mai 1861.	Exempts.	» 25
Instruments de musique et pièces détachées d'instruments *	la valeur.	16 novembre 1860. 1er mai 1861.	10 p. %	10 p. %
Instruments d'optique, de calcul, d'observation et de précision *	100 k. B.	1er mai 1861.	Exempts.	» 25
Iode * (77)	—	16 novembre 1860. 1er mai 1861.	Exempt.	» 25
Iodure de potassium * (48)	—	—	Exempt.	» 25
Iris de Florence ouvré *	la valeur.	—	10 p. %	10 p. %
J				
Joncs et roseaux bruts. d'Europe	100 k. B.	1er mai 1861.	Exempts.	» 25
Jus de citron * (49)	—	16 novembre 1860. 1er mai 1861.	Exempt.	» 25
Jus de réglisse *	100 k. N.	1er mai 1861.	12 »	13 20
Jute en brins ou teillé	....	....	Voir le Tarif général.	
Jute peigné	100 k. B.	1er mai 1861.	Exempt.	Droit du Tarif général.
Jute Fils de) V. fils.				
Jute Tissus de) V. tissus.				
K				
Kirschwasser (eau-de-vie de cerises). V. alcool.				
L				
Laines en masse d'Australie	10 k. B.	16 novembre 1860. 1er mai 1861.	Exemptes.	Droit du Tarif général.
Laines en masse d'Angleterre ou de Belgique	—	5 mai 1860. 1er mai 1861.	Exemptes.	» 25
Laines en masse autres	....	....	Voir le Tarif général.	
Laines peignées. d'Angleterre ou de Belgique	100 k. N.	16 novembre 1860. 1er mai 1861.	25 »	27 50
Laines peignées. autres	....	....	Voir le Tarif général.	
Laines teintes de toute sorte d'Angleterre ou de Belgique	100 k. N.	16 novembre 1860. 1er mai 1861.	25 »	27 50
Laines teintes de toute sorte autres	....	....	Voir le Tarif général.	
Laines Fils de) V. fils.				
Laines Tissus de) V. tissus				
Laiton. V. cuivre.				
Laque en teinture ou en trochisque	100 k. B.	1er mai 1861.	Exempte.	» 25
Lie de vin. V. tartrates.				
Liége brut et râpé, de toute sorte	—	—	Exempt.	» 25
Limailles de cuivre	—	12 octobre 1860. 1er mai 1861.	Exemptes.	» 25
Limailles d'étain	—	—	Exemptes.	» 25
Limailles de plomb	—	—	Exemptes.	» 25
Limailles de zinc	—	—	Exemptes.	» 25
Limes. V. outils en acier pur.				
Lin en tiges ou teillé et étoupes	....	....	Voir le Tarif général.	
Lin peigné	100 k. B.	1er mai 1861.	Exempt.	» 25
Lin Fils de) V. fils.				
Lin Tissus de) V. tissus.				

DÉNOMINATION DES PRODUITS.	UNITÉS sur lesquelles portent les droits.	TITRES de PERCEPTION.	DROITS (décimes compris) APPLICABLES par navires français, anglais ou belges.	par navires tiers.
			F. C.	F. C.
Liqueurs *	l'hect. de liq.	1er mai 1861.	15 »	15 »
Lithographies. V. gravures.				
Livres — en langue française	100 k. B.	1er mai 1861.	Exempts.	
Livres — en langues mortes ou étrangères				» 25
M				
Machefer et scories de forge	100 k. B.	12 octobre 1860. 1er mai 1861.	Exempts.	» 25
Machines et Mécaniques. — Appareils complets. — à vapeur (162) — fixes, avec *ou* sans chaudières, avec *ou* sans volants.	100 k. N.	12 octobre 1860. 1er mai 1861.	10 »	11 »
— à vapeur (162) — pour la navigation, avec *ou* sans chaudières	—	—	20 »	22 »
— à vapeur (162) — Locomotives *ou* locomobiles	—	—	15 »	16 50
— autres qu'à vapeur (162) — Tenders *de machines locomotives*	—	—	10 »	11 »
— autres qu'à vapeur — pour la filature	—	—	15 »	16 50
— autres qu'à vapeur — à nettoyer et ouvrir la laine, le lin, le coton *et* autres matières textiles; pour le tissage; à fabriquer le papier; à imprimer; pour l'agriculture; à bouter les plaques *et* rubans de cardes	—	—	9 »	9 90
— autres qu'à vapeur — Métiers à tulle; à sucre, à distiller, de chauffage, en cuivre; Cardes non garnies	—	—	15 »	16 50
— autres qu'à vapeur — Chaudières à vapeur — en tôle de fer, cylindriques *ou* sphériques, avec *ou* sans bouilleurs *ou* réchauffeurs	—	—	10 »	11 »
— Chaudières à vapeur — tubulaires en tôle de fer, à tubes en fer, cuivre *ou* laiton étirés *ou* en tôle clouée, à foyers intérieurs, *et* toutes autres chaudières de forme non cylindrique *ou* sphérique simple	—	—	15 »	16 50
— Chaudières à vapeur — en tôle d'acier, *de toute forme*	—	—	30 »	33 »
— autres qu'à vapeur — Gazomètres, chaudières découvertes, poêles *et* calorifères en tôle, *ou* en fonte et tôle	—	—	10 »	11 »
— Machines-outils *et* machines non dénommées *contenant* en fonte (163) — 75 p. % *et* plus	—	—	9 »	9 90
— Machines-outils *et* machines non dénommées *contenant* en fonte (163) — 50 à 75 p. % *exclusivement*	—	—	15 »	16 50
— Machines-outils *et* machines non dénommées *contenant* en fonte (163) — moins de 50 p. %	—	—	20 »	22 »
Machines et Mécaniques. — Pièces détachées. — Plaques *et* rubans de cardes sur cuir, sur caoutchouc *ou* sur tissus purs *ou* mélangés (164)	—	—	60 »	65 50
— Dents de rots en fer *ou* en cuivre	—	—	30 »	33 »
— Rots, ferrures *ou* peignes à tisser à dents de fer *ou* de cuivre (165)	—	—	50 »	55 »
— Pièces en fonte, *polies, limées* et *ajustées*	—	—	9 »	9 90
— Pièces en fer forgé, *polies, limées* et *ajustées* ou *non, quel que soit leur poids (y compris les essieux, ressorts* et *bandages de roues)*	—	—	15 »	16 50
— Ressorts en acier pour carrosserie, wagons *et* locomotives	—	—	17 »	18 70
— Pièces en acier, *polies, limées, ajustées* ou *non, pesant* (166) — plus d'un kilogramme	—	—	30 »	33 »
— Pièces en acier — un kilogramme *ou* moins	—	—	40 »	44 »
— Pièces en cuivre pur *ou* allié de tous autres métaux	—	—	25 »	27 50
— Plaques *et* rubans de cuir, de caoutchouc *et* de tissus spécialement destinés pour cardes	—	—	20 »	22 »
Magnésie — Carbonate de). V. carbonate.				
Magnésie — Sulfate de). V. sulfate.				
Manganèse (Minerai)	100 k. B.	—	Exempt.	» 25
Marbres, de toute sorte *. — bruts ou équarris	—	—	1 »	1 25
— sciés, ayant d'épaisseur — 16 centimètres et plus	—	—	1 50	1 75
— sciés, ayant d'épaisseur — moins de 16 centimètres				
— sculptés, moulés ou polis — Statues modernes	—	—	Exemptes.	» 25
— sculptés, moulés ou polis — Autres	—	—	1 50	1 75

DÉNOMINATION DES PRODUITS.	UNITÉS sur lesquelles portent les droits.	TITRES de PERCEPTION.	DROITS (décimes compris) APPLICABLES par navires français, anglais ou belges.	par navires tiers.
			F. C.	F. C.
Matériaux. Ardoises, briques, tuiles, carreaux de terre (poterie grossière) pierres de constructions, brutes. V. ces mots.				
Matériaux. Autres			Voir le Tarif général.	
Mélasse * (1) pour la distillation	100 k. B.	1er mai 1861.	Exempte.	» 25
Mélasse pour toute autre destination, ayant de richesse saccharine moins de 50 p. %	100 k. N.	16 novembre 1860. 1er mai 1861.	11 »	12 10
Mélasse pour toute autre destination, ayant de richesse saccharine plus de 50 p. %	—	—	Droit du sucre brut.	
Mercerie, de toute sorte * (158)	la valeur.	—	10 p. %.	10 p. %.
Mercure natif	100 k. B.	1er mai 1861.	Exempt.	» 25
Meubles (155)	la valeur.	16 novembre 1860. 1er mai 1861.	10 p. %.	10 p. %.
Miroirs ayant moins d'un mètre carré * (172)	—	—	10 p. %. Plus 1 fr. par mètre carré.	10 p. %.
Moellons ou pierres de construction brutes. V. pierres de constructions brutes.				
Modes (ouvrages de) *	100 k. B.	—	Exempts.	» 25
Moutarde. V. épices préparées.				
Muriate de potasse. V. chlorure de potassium.				
Musique gravée	100 k. B.	1er mai 1861.	Exempte.	» 25
N				
Nattes et tresses de bois, de paille, etc. V. tresses.				
Nickel métallique * speiss (120)	100 k. B.	12 octobre 1860. 1er mai 1861.	Exempt.	» 25
Nickel métallique * pur ou allié d'autres métaux (argentan). V. argentan. (135)				
Nitrates * de potasse (52) de soude (51)	100 k. B.	16 novembre 1860. 1er mai 1861.	Exempts.	» 25
O				
Or battu, en feuilles *	1 k. N.	1er mai 1861.	50 »	55 »
Orfèvrerie. V. Bijouterie.				
Orseilles * (88) violette ou cudbéard (A) autres, de toute sorte	la valeur.	16 novembre 1860. 1er mai 1861.	5 p. %.	5 p. %.
Os et sabots de bétail, bruts ou calcinés à blanc	100 k. B.	1er mai 1861.	Exempts.	» 25
Outils * en fer pur, emmanchés ou non (128)	100 k. N.	12 octobre 1860. 1er mai 1861.	12 »	13 20
Outils en fer rechargé d'acier, emmanchés ou non (130)	—	—	18 »	19 80
Outils en acier pur (faux, faucilles, limes, scies circulaires ou droites et autres non dénommés (129)	—	—	40 »	44 »
Outremer	—	1er mai 1861.	21 75	23 90
Ouvrages en bois (154) Futailles vides, balais, avirons. V. ces mots.				
Ouvrages en bois Pelles, fourches et rateaux en bois. Plats, cuillers, écuelles et autres articles de ménage en bois. Manches d'outils en bois, avec ou sans virole. Pièces de bois, brutes ou façonnées, de charpente, de charronnage	100 k. B.	12 octobre 1860. 1er mai 1861.	Exempts.	» 25
Ouvrages en bois Boîtes de bois blanc *. Autres	la valeur.	16 novembre 1860. 1er mai 1861.	10 p. %.	10 p. %.
Ouvrages en caoutchouc ou en gutta-percha. V. Caoutchouc.				
Ouvrages en crin ou en poils de vache, purs ou mélangés *	la valeur.	1er mai 1861.	10 p. %.	10 p. %.
Ouvrages d'horlogerie. V. horlogerie. en ivoire. V. tabletterie. en métaux. V. métaux. de modes. V. modes.				
Ouvrages en peau ou en cuir, de toute espèce * (150)	la valeur.	12 octobre 1860. 1er mai 1861.	10 p. %.	10 p. %.
Oxalate de potasse * (9)	100 k. N.	16 novembre 1860. 1er mai 1861.	15 »	16 50
Oxydes de fer (16) de plomb (21)	100 k. B.	—	Exempts.	» 25
Oxydes de zinc (blanc de zinc) (19)	—	—	5 »	5 50

(A) L'orseille violette ou cudbéard ne peut entrer par mer que par les ports d'entrepôt.

DÉNOMINATION DES PRODUITS.	UNITÉS sur lesquelles portent les droits.	TITRES de PERCEPTION.	DROITS (décimes compris) APPLICABLES par navires français, anglais ou belges.	par navires tiers.
			F. C.	F. C.
P				
Pagnes. V. tissus d'écorce.				
Papier, de toute sorte *	100 k. B.	1er mai 1861.	10 »	11 »
Parapluies et Parasols *	la valeur.	—	10 p. %	10 p. %
Parchemin et Vélin. bruts	....	....	Voir le Tarif général.	
Parchemin et Vélin. achevés *	100 k. N.	12 octobre 1860. 1er mai 1861.	15 »	16 50
Parfumeries alcooliques *	l'hect. d'alcool pur.	1er mai 1861.	20 »	20 »
Parfumeries autres: Eaux de senteur sans alcool, vinaigres parfumés, pâtes liquides ou en pains, savons, poudres à poudrer et de senteur, pommades, de toute sorte, fards et pastilles odorantes. V. ces mots.				
Passementeries. V. tissus selon l'espèce.				
Pastilles odorantes à brûler	100 k. B.	1er mai 1861.	9 60	11 »
Pâtes liquides ou en pains *	—	—	10 »	11 »
Peaux de chien de mer, brutes, fraîches ou sèches	—	29 mai 1861.	2 »	2 »
Peaux brutes, fraîches ou sèches, grandes ou petites, d'Angleterre et de Belgique	—	1er mai 1861.	Exemptes.	» 25
Peaux brutes, fraîches ou sèches, grandes ou petites, autres	—	—	3 »	Droit du Tarif général
Peaux préparées, (149) d'agneau et de chevreau en poils, en confit ou mégies	....	....	Voir le Tarif général.	
Peaux préparées, Parchemin. V. ce mot.				
Peaux préparées, vernies, teintes ou maroquinées *	100 k. N.	1er mai 1861.	100 »	107 50
Peaux préparées, autres, de toute espèce *	—	—	15 »	16 50
Phormium tenax brut ou teillé	....	....	Voir le Tarif général.	
Phormium tenax peigné ou tordu	100 k. B.	1er mai 1861.	Exempt.	» 25
Phormium tenax (Fils de) V. fils.				
Phormium tenax (Tissus de) V. tissus.				
Phosphates naturels * (56)	10 k. B.	16 novembre 1860. 1er mai 1861.	Exempts.	» 25
Phosphore * blanc	100 k. N.	—	40 »	44 »
Phosphore * rouge	la valeur.	—	10 p. %	10 p. %
Photographies. V. gravures.				
Pierres à aiguiser, de toute sorte (brutes ou taillées)	100 k. B.	1er mai 1861.	Exemptes.	» 25
Pierres de constructions, brutes	—	—	Exemptes.	» 25
Pierres ouvrées (y compris les pierres d'ardoises) taillées ou sciées	—	—	Exemptes.	» 25
Pierres ouvrées, sculptées ou polies, statues modernes	—	—	» 50	» 75
Pierres ouvrées, sculptées ou polies, autres				
Planches gravées pour impressions sur papier * (167)	—	—	10 »	11 »
Plantes alcalines	—	—	Exemptes.	Droit du Tarif général
Plaqués, sans distinction de titre * (142)	100 k. N.	12 octobre 1860. 1er mai 1861.	100 »	107 50
Plomb. (116) Scories, de toute sorte (116)	100 k. B.	—	Exemptes.	» 25
Plomb. en masses brutes, saumons, barres ou plaques (116)	—	—	3 »	3 30
Plomb. laminé * (116) / allié d'antimoine, en masses *	—	—	5 »	5 50
Plomb. débris de vieux ouvrages en plomb	—	—	Exempts.	» 25
Plumes en métal autre que l'or ou l'argent * (140)	100 k. N.	—	100 »	107 50
Poils de chèvre, peignés	100 k. B.	1er mai 1861.	10 »	11 »
Poils (Fils de) V. fils.				
Poils (Tissus de) V. tissus.				
Poissons d'eau douce frais	....	....	Voir le Tarif général.	
Poissons d'eau douce préparés / de mer frais, secs, salés ou fumés, à l'exclusion de la morue	100 k. B.	16 novembre 1860. 1er mai 1861.	10 »	11 »
Pommades, de toute sorte (Parfumeries) *	—	1er mai 1861.	10 »	11 »
Porcelaines, de toute sorte (blanches ou décorées, parian et biscuit blanc) * (171)	la valeur.	16 novembre 1860. 1er mai 1861.	10 p. %	10 p. %
Poterie * (168 à 171). d'étain et de fonte. (121) (134) V. ouvrages en métaux.				
Poterie * grossière (168): Cornues à gaz / Creusets, de toute sorte (y compris les creusets en graphite ou plombagine) / Tuyaux de drainage et autres / Pipes de terre	100 k. B.	16 novembre 1860. 1er mai 1861.	Exempts.	» 25

DÉNOMINATION DES PRODUITS.	UNITÉS sur lesquelles portent les droits.	TITRES de PERCEPTION.	DROITS (décimes compris) APPLICABLES par navires français, anglais ou belges.	par navires tiers.
			F. C.	F. C.
Poterie * (168 à 171) (*Suite*) — grossière (168) — vernissée — avec décorations à reliefs unicolores et multicolores (platine et creux) — ou non, de toutes formes	100 k. B.	16 novembre 1860. 1er mai 1861.	5 »	5 50
— de grès (169) — Ustensiles et appareils pour la fabrication des produits chimiques	—	—	Exempts.	» 25
— de grès (169) — commune, de toute sorte (platerie et creux, comprenant la forme bouteille, les carafes, objets de ménage, ustensiles de cuisine, etc.)	—	—	4 »	4 40
— de grès (169) — fine	la valeur.	—	20 p. %	20 p. %
— Faïence et porcelaines. V. ces mots.				
Poudres * — à poudrer — de senteur — de Chypre — non dénommées	100 k. B.	1er mai 1861.	10 »	11 »
Produits chimiques non dénommés au Traité *	la valeur.	16 novembre 1860. 1er mai 1861.	5 p. %	5 p. %
Prussiate de potasse * — jaune (92)	100 k. N.	—	20 »	22 »
— rouge (91)	—	—	30 »	33 »
R				
Racines médicinales. — Réglisse	....	....	Voir le Tarif général.	
— Salsepareille — autres (gingembre compris)	100 k. B.	1er mai 1861.	2 »	2 25
Régule. V. Antimoine métallique.				
Résines, de toute sorte, même distillées	—	—	Exemptes.	» 25
S				
Sabots de bétail. V. os.				
Safre et autres composés du cobalt * (71)	100 k. B.	16 novembre 1860. 1er mai 1861.	Exempt.	» 25
Salin de betterave * (72)	—	—	1 25	1 50
Salsepareille. V. racines médicinales.				
Savons * — parfumés (100) — ordinaires	—	24 juin 1861.	6 »	6 60
Scies. V. outils en acier.				
Scories — de fer. V. machefer. — de plomb. V. plomb.				
Sels — de soude. V. bicarbonate de soude.				
— ammoniacaux, bruts ou raffinés * (57) — sel ammoniac (hydrochlorate d'ammoniaque)	la valeur.	1er mai 1861.	5 p. % Plus 10 fr. par 100 k. B.	5 p. % Plus 11 fr par 100 k. B.
— ammoniacaux, bruts ou raffinés * (57) — autres	—	—	5 p. %	5 p. %
— d'étain *	—	16 novembre 1860. 1er mai 1861.	5 p. % Plus 3 fr. par 100 k. B.	5 p. % Plus 3 f. 30 par 100 k. B.
Smalt. V. cobalt vitrifié.				
Soies * (205 à 212) — en cocons	....	....	Voir le Tarif général.	
— grèges — moulinées	100 k. N.	16 novembre 1860. 1er mai 1861.	Exemptes.	» 25
— teintes — à coudre, à broder et à dentelles	—	—	300 »	317 50
— teintes — autres	—	—	Exemptes.	» 25
— bourre — en masse	—	—	Exemptes.	» 25
— bourre — peignée (206)	100 k. B.	—	10 »	11 »
— bourre — filée, simple ou retorse, écrue, blanchie, azurée ou teinte, mesurant au kil. (207) — 80.500 mètres simples ou moins	100 k. N.	—	75 »	81 20
— bourre — filée … (207) — plus de 80.500 mètres simples	—	—	120 »	128 50
— Tissus de V. tissus.				
Soude * — de varech (59)	100 k. B.	16 novembre 1860. 1er mai 1861.	1 50	1 75
— caustique	—	—	8 »	8 80
— artificielle brute (60)	—	—	6 65	7 30
Speiss. V. nikel.				
Statues modernes. — en marbre, pierres, écossines et albâtre. V. ces mots. — en métal. V. ouvrages en métaux.				

DÉNOMINATION DES PRODUITS.	UNITÉS sur lesquelles portent les droits.	TITRES de PERCEPTION.	DROITS (décimes compris) APPLICABLES par navires français, anglais ou belges.	par navires tiers.
			F. C.	F. C.
Sucres * (A) importés d'Angleterre, bruts	....	....	Voir le Tarif général.	
— raffinés	100 k. N.	12 octobre 1860.	41 »	45 10
— de lait (73)	100 k. B.	1er mai 1861.	Exempt.	» 25
Sulfates * de potasse (42)	—	16 novembre 1860. 1er mai 1861.	Exempts.	» 25
— de magnésie (67)	—	16 novembre 1860. 1er mai 1861.	Exempts.	» 25
— de soude, pur, anhydre (61)	—	—	7 20	7 90
— de soude, pur, cristallisé ou hydraté (sel de Glauber)	—	—	3 40	3 70
— de soude, impur, anhydre (61)	—	—	6 60	7 20
— de soude, impur, cristallisé ou hydraté (sel de Glauber)	—	—	3 10	3 40
Sulfite de soude *	—	—	7 20	7 90
Sulfures d'arsenic *	—	—	Exempts.	» 25
T				
Tabletterie et ouvrages en ivoire * (148)	la valeur.	1er mai 1861.	10 p. %	10 p. %
Tapis de laine. V. tissus de laine.				
Tartrates de potasse (75), très-impur — lies de vin (50)	....	....	Voir le Tarif général.	
— de potasse, impur, tartre brut *	100 k. B.	16 novembre 1860. 1er mai 1861.	Exempts.	» 25
— de potasse, impur, cristaux de tartre *	100 k. B.	16 novembre 1860. 1er mai 1861.	Exempts.	» 25
— de potasse, pur — crème de tartre *	100 k. B.	16 novembre 1860. 1er mai 1861.	Exempts.	» 25
— de potasse, autre (sel végétal) *	100 k. B.	16 novembre 1860. 1er mai 1861.	Exempts.	» 25
— de soude et de potasse (sel de Seignette) *	100 k. B.	16 novembre 1860. 1er mai 1861.	Exempts.	» 25
Tissus d'alpaga, de lama et de vigogne, purs	....	1er mai 1861.	Mêmes droits que les tissus de laine pure.	
— mélangés, de laine, *quelle que soit la proportion du mélange*	....	1er mai 1861.	Mêmes droits que les tissus de laine pure.	
— mélangés, d'autres filaments quelconques, la laine d'alpaga, de lama et de vigogne *dominant en poids*	....	1er mai 1861.	Mêmes droits que les tissus de laine pure.	
Tissus de coton pur, unis, croisés, *et* coutils (192), écrus, *présentant en chaîne et en trame, dans l'espace de 5 millimètres carrés, ceux pesant* *, 11 kil. *et* plus les 100 mèt. carrés, 35 fils *ou* moins	100 k. N.	16 novembre 1860. 1er mai 1861.	50 »	55 »
— — 11 kil. *et* plus les 100 mèt. carrés, 36 fils *et* au-dessus	—	—	80 »	86 50
— — de 7 à 11 kil. *exclusivement* les 100 mèt. carrés, 35 fils *ou* moins	—	—	60 »	65 50
— — de 7 à 11 kil. *exclusivement* les 100 mèt. carrés, 36 à 43 fils *inclusivement*	—	—	100 »	107 50
— — de 7 à 11 kil. *exclusivement* les 100 mèt. carrés, 44 fils *et* au-dessus	—	—	200 »	212 50
— — de 3 à 7 kil. *exclusivement* les 100 mèt. carrés, 27 fils *ou* moins	—	—	80 »	86 50
— — de 3 à 7 kil. *exclusivement* les 100 mèt. carrés, 28 à 35 fils *inclusivement*	—	—	120 »	128 50
— — de 3 à 7 kil. *exclusivement* les 100 mèt. carrés, 36 à 43 fils *idem*	—	—	190 »	202 »
— — de 3 à 7 kil. *exclusivement* les 100 mèt. carrés, 44 fils *et* au-dessus	—	—	300 »	317 50
— écrus, *pesant* moins de 3 kilogrammes les 100 mètres carrés	la valeur.	—	15 p. %	15 p. %
— blanchis, *présentant en chaîne et en trame, dans l'espace de 5 millimètres carrés, ceux pesant* *, 11 kil. *et* plus les 100 mèt. carrés, 35 fils *ou* moins	100 k. N.	—	57 50	62 80
— — 11 kil. *et* plus les 100 mèt. carrés, 36 fils *et* au-dessus	—	—	92 »	99 10
— — de 7 à 11 kil. *exclusivement* les 100 mèt. carrés, 35 fils *ou* moins	—	—	69 »	74 90
— — de 7 à 11 kil. *exclusivement* les 100 mèt. carrés, 36 à 43 fils *inclusivement*	—	—	115 »	123 20
— — de 7 à 11 kil. *exclusivement* les 100 mèt. carrés, 44 fils *et* au-dessus	—	—	230 »	244 »
— — de 3 à 7 kil. *exclusivement* les 100 mèt. carrés, 27 fils *ou* moins	—	—	92 »	99 10
— — de 3 à 7 kil. *exclusivement* les 100 mèt. carrés, 28 à 35 fils *inclusivement*	—	—	138 »	147 40
— — de 3 à 7 kil. *exclusivement* les 100 mèt. carrés, 36 à 43 fils *idem*	—	—	218 50	231 90
— — de 3 à 7 kil. *exclusivement* les 100 mèt. carrés, 44 fils *et* au-dessus	—	—	345 »	362 50
— blanchis, *pesant* moins de 3 kilogrammes les 100 mètres carrés	la valeur.	—	15 p. %	15 p. %
— teints, *présentant en chaîne et en trame, dans l'espace de 5 millimètres carrés, ceux pesant* *, 11 kil. *et* plus les 100 mèt. carrés, 35 fils *ou* moins	—	—	75 »	81 20
— — 11 kil. *et* plus les 100 mèt. carrés, 36 fils *et* au-dessus	—	—	105 »	112 70
— — de 7 à 11 kil. *exclusivement* les 100 mèt. carrés, 35 fils *ou* moins	—	—	85 »	91 70
— — de 7 à 11 kil. *exclusivement* les 100 mèt. carrés, 36 à 43 fils *inclusivement*	—	—	125 »	133 70
— — de 7 à 11 kil. *exclusivement* les 100 mèt. carrés, 44 fils *et* au-dessus	—	—	225 »	238 70
— — de 3 à 7 kil. *exclusivement* les 100 mèt. carrés, 27 fils *ou* moins	—	—	105 »	112 70
— — de 3 à 7 kil. *exclusivement* les 100 mèt. carrés, 28 à 35 fils *inclusivement*	—	—	145 »	154 70
— — de 3 à 7 kil. *exclusivement* les 100 mèt. carrés, 36 à 43 fils *idem*	—	—	215 »	228 20
— — de 3 à 7 kil. *exclusivement* les 100 mèt. carrés, 44 fils *et* au-dessus	—	—	325 »	342 50
— teints, *pesant* moins de 3 kilogrammes les 100 mètres carrés	la valeur.	—	15 p. %	15 p. %
— imprimés	la valeur.	—	15 p. %	15 p. %

(A) SUCRES IMPORTÉS DE LA BELGIQUE.

Sucres * bruts	....	....	Voir le Tarif général.	
— raffinés, candis	100 k. N.	1er mai 1861.	44 »	48 40
— raffinés, autres	—	—	41 »	45 10
— de lait	100 k. B.	—	Exempt.	» 25

DÉNOMINATION DES PRODUITS.	UNITÉS sur lesquelles portent les droits.	TITRES de PERCEPTION.	DROITS (décimes compris) APPLICABLES par navires français, anglais ou belges.	par navires tiers.
			F. C.	F. C.
Tissus de coton (*Suite*) — pur.... (*Suite*) — Velours (193) — façon soie (*dite velvets*) — écrus	100 k. N.	16 novembre 1860. 1er mai 1861.	85 »	91 70
— — — teints *ou* imprimés	—	—	110 »	118 »
— — autres (*cords, moleskins, etc.*) — écrus	—	—	60 »	65 50
— — — teints *ou* imprimés	—	—	85 »	91 70
— Broderie à la main (201)	la valeur.	—	10 p. %	10 p. %
— Dentelles *et* blondes (199)	—	—	5 p. %	5 p. %
— Piqués, basins, façonnés, damassés *et* brillantés (194 à 198) — Couvertures — Tulles unis *ou* brodés (199) — Gazes *et* mousselines, brodées *ou* brochées, pour ameublement *ou* tentures (200) — Vêtements *et* articles confectionnés en tout *ou* en partie — Articles non dénommés (202) mélangé, le coton *dominant en poids*	la valeur.	—	15 p. %	15 p. %
Tissus de crin pur *ou* mélangé	la valeur.	—	10 p. %	10 p. %
Tissus de jute (232 et 233) — pur * — présentant en chaîne, dans l'espace de 5 millimètres — écrus — unis, 3 fils *ou* moins	100 k. N.	—	13 »	14 30
— — croisés, 3 fils *ou* moins	—	—	15 »	16 50
— — 4 *et* 5 fils	—	—	21 »	23 10
— — 6, 7 *et* 8 fils	—	—	30 »	33 »
— — plus de 8 fils	—	—	Mêmes droits que les tissus de lin, *selon le degré de finesse.*	
— blanchis *ou* teints — unis, 3 fils *ou* moins	—	—	19 »	20 90
— — croisés, 3 fils *ou* moins	—	—	22 »	24 20
— — 4 *et* 5 fils	—	—	30 »	33 »
— — 6, 7 *et* 8 fils	—	—	44 »	48 40
— — plus de 8 fils	—	—	Mêmes droits que les tissus de lin, *selon le degré de finesse.*	
— Tapis ras *ou* à poil	—	—	32 »	35 20
mélangé, le jute *dominant en poids*	la valeur.	—	20 p. %	20 p. %
Tissus de laine (203) — pure — Tapis *de toute espèce*	la valeur.	—	15 p. %	15 p. %
— Chaussons de lisière	—	—	10 p. %	10 p. %
— Lisières de drap, *de toute espèce*, entières *ou* coupées	100 k. B.	—	Exemptes.	» 25
— Couvertures — Bonneterie — Rubanerie — Dentelles — Autres tissus — Articles non dénommés — Vêtements *et* articles confectionnés — neufs	la valeur.	—	15 p. %	15 p. %
— — vieux *	100 k. N.	—	20 »	22 »
mélangée, la laine *dominant en poids*	....	—	Mêmes droits que les tissus de laine pure.	
Tissus de lin *ou* de chanvre — purs — unis *ou* ouvrés présentant en chaîne, dans l'espace de 5 millimètres (226) (231) — écrus — 8 fils *ou* moins	100 k. N.	—	28 »	30 80
— — 9, 10 *et* 11 fils	—	—	55 »	60 20
— — 12 fils	—	—	65 »	70 70
— — 13 *et* 14 fils	—	—	90 »	97 »
— — 15, 16 *et* 17 fils	—	—	115 »	123 20
— — 18, 19 *et* 20 fils	—	—	170 »	181 »
— — 21, 22 *et* 23 fils	—	—	260 »	275 50
— — 24 fils *et* au-dessus	—	—	400 »	417 50
— blanchis, teints *ou* imprimés — 8 fils *ou* moins	—	—	38 »	41 80
— — 9, 10 *et* 11 fils	—	—	70 »	76 »
— — 12 fils	—	—	95 »	102 20
— — 13 *et* 14 fils	—	—	120 »	128 50
— — 15, 16 *et* 17 fils	—	—	155 »	165 20
— — 18, 19 *et* 20 fils	—	—	230 »	244 »
— — 21, 22 *et* 23 fils	—	—	350 »	367 50
— — 24 fils *et* au-dessus	—	—	535 »	552 50
— Coutils unis *ou* façonnés, écrus, blanchis, teints *ou* imprimés (223) — Linge damassé (225)	la valeur.	—	16 p. %	16 p. %
— Batiste * (228) — Linon * (228) — Mouchoirs encadrés (227) — non brodés *	100 k. N.	—	Mêmes droits que les toiles unies, *selon l'espèce et le degré de finesse.*	
— — brodés	la valeur.	—	10 p. %	10 p. %

DÉNOMINATION DES PRODUITS.	UNITÉS sur lesquelles portent les droits.	TITRES de PERCEPTION.	DROITS (décimes compris) APPLICABLES par navires français, anglais ou belges.	par navires tiers.
			F. C.	F. C.
Tissus de lin ou de chanvre. (*Suite*) — purs — Dentelles	la valeur.	16 novembre 1860. 1er mai 1861.	5 p. %	5 p. %
purs — Tulles (224). Bonneterie. Passementerie (229). Rubanerie de fil, écrue, blanchie *ou* teinte. (229)	—	—	15 p. %	15 p. %
purs — Vêtements *et* art.es confectionnés *en tout* ou *en partie* (230) en coutil *ou* en linge damassé	—	—	16 p. %	16 p. %
purs — Vêtements *et* art.es confectionnés *en tout* ou *en partie* (230) en autres tissus. Articles non dénommés. — mélangés, le lin *ou* le chanvre *dominant en poids*	—	—	15 p. %	15 p. %
Tissus de poils (204) — de chèvre — Châles *et* écharpes de cachemire des Indes	—	—	5 p. %	5 p. %
de chèvre — autres. — de chameau — pur. — de chameau — mélangé — de laine, *quelle que soit la proportion du mélange*. — mélangé — d'autres filaments quelconques, le poil de chameau *dominant en poids*	....	—	Mêmes droits que les tissus de laine.	
de vache purs *ou* mélangés. — autres	la valeur.	—	10 p. %	10 p. %
Tissus de soie *ou* de bourre de soie. — Tissus, bonneterie *et* dentelles, de soie pure * (208)	100 k. N.	—	Exempts.	» 25
Crêpes, *façon d'Angleterre*, écrus, noirs *ou* de couleur * (208)	—	—	1,000 »	1,017 50
Tulles (209) — unis — écrus *	—	—	2,000 »	2,017 50
Tulles (209) — unis — apprêtés	la valeur.	—	15 p. %	15 p. %
Tulles (209) — façonnés, écrus *ou* apprêtés	—	—	10 p. %	10 p. %
Tissus de bourre de soie pure *ou* de soie et bourre de soie, écrus, blancs, teints *ou* imprimés * (210)	100 k. N.	—	200 »	212 50
Tissus de soie *ou* de bourre de soie avec or *ou* argent * — fin	—	—	1,200 »	1,217 50
Tissus de soie *ou* de bourre de soie avec or *ou* argent * — mi-fin *ou* faux	—	—	350 »	367 50
Passementerie *et* dentelles de soie *ou* bourre de soie, avec or *ou* argent * — fin	—	—	1,200 »	1,217 50
Passementerie *et* dentelles de soie *ou* bourre de soie, avec or *ou* argent * — mi-fin *ou* faux	—	—	350 »	367 50
Rubans de soie *ou* de bourre de soie * (211) — de velours	—	—	500 »	517 50
Rubans de soie *ou* de bourre de soie * (211) — autres	—	—	800 »	817 50
Mélangés, la soie *ou* la bourre de soie *dominant en poids* (211) — Rubans	la valeur.	—	10 p. %	10 p. %
Mélangés, la soie *ou* la bourre de soie *dominant en poids* (211) — autres *	100 k. N.	—	300 »	317 50
Vêtements et articles confectionnés * (212)	....	—	Régime des tissus dominant en poids.	
Tissus de phormium tenax, d'abaca *et* d'autres végétaux filamenteux non dénommés (*y compris les tissus d'écorce en fibres de palmier* et *autres de toute sorte*), purs ou mélangés, le phormium tenax, l'abaca *et* les autres végétaux *dominant en poids* (234)	la valeur.	—	10 p. %	10 p. %
Toiles cirées * (220) — pour emballage	100 k. B.	—	5 »	5 50
Toiles cirées * (220) — pour ameublement, tentures ou autres usages	100 k. N.	—	15 »	16 50
Toiles métalliques * — en fer ou en acier	—	12 octobre 1860. 1er mai 1861.	15 »	16 50
Toiles métalliques * — en cuivre ou en laiton	—	—	25 »	27 50
Tôles. (106) V. fer.				
Tresses de paille * — grossières pour paillassons	....	....	Voir le Tarif général.	
Tresses de paille * — autres, de toute sorte	100 k. B.	1er mai 1861.	5 »	5 50
Tubes en fer. (124) V. ouvrages en métaux.				
Tuiles — plates. bombées. faîtières	100 k. B.	—	Exemptes.	» 25
Tulles. V. tissus.				
Tuyaux — de drainage et autres en poterie. V. poterie. — en fonte et en plomb. V. ouvrages en métaux.				

U

Ustensiles d'arts et métiers. V. poteries.				

DÉNOMINATION DES PRODUITS.	UNITÉS sur lesquelles portent les droits.	TITRES de PERCEPTION.	DROITS (décimes compris) APPLICABLES par navires français, anglais ou belges.	par navires tiers.
			F. C.	F. C.
V				
Vaisselle de table ou de cuisine. V. poteries.				
Vannerie *	la valeur.	1er mai 1861.	10 p. %	10 p. %
Végétaux filamenteux. Jute, lin, chanvre, phormium tenax et abaca. V. ces mots.				
Végétaux filamenteux. autres.. bruts ou teillés			Voir le Tarif général.	
Végétaux filamenteux. autres.. peignés ou tordus	100 k. B.	1er mai 1861.	Exempts.	» 25
Vélin. V. parchemin.				
Vernis à l'huile, à l'essence ou à l'esprit de vin * (96)	la valeur.	16 novembre 1860. 1er mai 1861.	10 p. %	10 p. %
Verres et cristaux. Miroirs, glaces, bouteilles, groisil, émaux et vitrifications. V. ces mots.				
Verres et cristaux. Verres* à vitres. (175)	100 k. B.	1er mai 1861.	5 50	6 »
Verres et cristaux. Verres* de couleur, polis ou gravés. (177)	100 k. B.	1er mai 1861.	5 50	6 »
Verres et cristaux. Verres* de montre et d'optique	la valeur.	—	10 p. % Plus 2 fr. par 100 k. B.	10 p. % Plus 2 fr. 25 par 100 k. B.
Verres et cristaux. Gobeleterie et cristaux blancs et colorés * (179)	la valeur.	—	10 p. % Plus 2 fr. par 100 k. B.	10 p. % Plus 2 fr. 25 par 100 k. B.
Verres et cristaux. autres objets en verre non dénommés. (182)	la valeur.	—	10 p. % Plus 2 fr. par 100 k. B.	10 p. % Plus 2 fr. 25 par 100 k. B.
Vêtements. V. tissus selon l'espèce.				
Vinaigres parfumés *	100 k. B.	1er mai 1861.	10 »	11 »
Vitrifications en masses, en tubes, en grains percés, et taillés en pierres à bijoux * (180)	—	—	10 p. % Plus 2 fr. par 100 k. B.	10 p. % Plus 2 fr. 25 par 100 k. B.
Z				
Zinc.... en masses brutes, saumons, barres ou plaques. (119)	100 k. B.	12 octobre 1860. 1er mai 1861.	Exempt.	» 25
Zinc.... laminé *	—	—	6 »	6 60
Zinc.... Débris de vieux ouvrages en zinc	—	—	Exempts.	» 25

NOTES EXPLICATIVES.

1. — Mélasses. — On entend par mélasse la matière incristallisable (par le procédé ordinaire du raffinage) produite par l'égouttage des sucres et pesant d'ordinaire 1 kilogramme 374 grammes à 1 kilogramme 427 grammes par litre (soit, à l'aréomètre de Baumé, 40 à 44 degrés à la température de 15 degrés du thermomètre centigrade).

La mélasse d'origine anglaise ou belge importée pour la distillation, est affranchie de droits.

La mélasse destinée pour la consommation acquittera le droit de 11 francs les 100 kilogrammes quand elle ne contiendra pas plus de 50 p. 0/0 de richesse saccharine. Si sa richesse était plus grande, le produit serait soumis au droit du sucre brut.

Suivant ce qui est prescrit par le tarif général à l'égard des bagasses et du vesou, la richesse des mélasses anglaises ou belges déclarées pour la consommation s'établira au moyen du prélèvement d'échantillons qui seront adressés à l'administration pour être soumis à l'expertise.

Acides.

Les acides sont, en général, des corps d'une saveur aigre plus ou moins piquante, et quelquefois caustique et corrosive. Ils ont la propriété de se combiner, soit avec les alcalis, soit avec les terres, soit avec les oxydes de métaux : la plupart d'entre eux possèdent aussi celle de rougir certaines couleurs bleues végétales, telles que le tournesol, etc. Les uns, comme les acides sulfurique, nitrique, hydrochlorique, hydro-chloro-nitrique et acétique, sont fluides. Les autres, comme les acides arsénieux, tartrique, oxalique, benzoïque, borique et succinique, sont concrets ou solides.

2. — Acide borique. — Il est inodore ; sa saveur est légèrement acide et son toucher est gras comme celui du talc et des pierres savonneuses. Ce produit est peu soluble dans l'eau; il est inaltérable par l'acide nitrique et donne immédiatement à l'alcool la propriété de brûler avec flamme verte.

Tel qu'il est importé de l'étranger, l'acide borique se présente sous deux formes, savoir, en petites écailles ou paillottes micacées d'un gris sombre et nacré, ou bien en morceaux vitrifiés plus ou moins poreux, légers, transparents sur les bords, et d'un gris cendré ou bleuâtre.

3. — Acide tartrique et citrique. — Solides en morceaux (cristaux brisés) transparents ; un fragment posé un instant sur la langue donne une saveur acide ; chauffés, ils se détruisent en répandant l'odeur de caramel ; en les fondant séparément et comparativement, on arrive à distinguer ces deux acides l'un de l'autre à la manière dont s'opère la fusion et la décomposition. L'un et l'autre acide broyé avec un fragment d'acétate de soude cristallisé, provoquent l'émanation d'acide acétique à odeur piquante de vinaigre. Avec l'acide citrique il y a liquéfaction du mélange ; avec l'acide tartrique, l'odeur est plus pénétrante.

4. — Acide sulfurique. — Liquide, doué d'un aspect oléagineux (huile de vitriol), dangereux à manier ; tache et perce les vêtements; on pèse, à l'aréomètre de Baumé, 55, 60, 66. Une goutte prise avec un tube de verre et déposée sur une feuille de papier le charbonne à froid si l'acide est assez concentré, et, en chauffant, si l'acide est trop affaibli par l'eau. En continuant l'action de la chaleur, on obtient des fumées épaisses et le développement de l'odeur du soufre qui brûle. (*Acide sulfureux.*)

5. — Acide nitrique. — Incolore ou jaunâtre : odeur nitreuse qu'on exalte en déposant une goutte sur une pièce de cuivre ; il produit alors des fumées rousses. Colore la peau en jaune qui persiste, dangereux à manier, attaque et dissout le plus grand nombre des métaux. (*Eau forte.*)

6. — Acide hydrochlorique. — Liquide, blanc ou jaunâtre ; répand à l'air des fumées épaisses qui sont exaltées par l'approche d'un tube plongé dans l'ammoniaque ; est volatil sans résidu et précipite en blanc les sels d'argent.

7. — Acide arsénieux. — Dangereux à manier : solide, en poudre ou plus souvent en plaques ordinairement opaques à l'extérieur comme un émail, et translucides à l'intérieur ; une parcelle sur un charbon en ignition donne une odeur d'ail caractéristique.

8. — Acide tartrique. — C'est avec le tartre purifié, dit *crème de tartre*, qu'on prépare généralement l'acide tartrique. Cet acide est en cristaux incolores et d'une saveur très piquante, sans être caustique. Il se dissout entièrement dans l'eau. Sa dissolution versée en excès dans l'ammoniaque forme un précipité considérable de tartrate acide d'ammoniaque.

9. — Acide oxalique, oxalate de potasse. — L'acide oxalique est en petits prismes transparents ; saveur très acide ; par la chaleur, se résout en fumée sans laisser presque de résidu ; il trouble la transparence de l'eau des fontaines (si elle est calcaire, ce qui est le plus ordinaire). Un cristal placé dans une goutte d'eau qui recouvre de l'écriture efface les caractères. L'oxalate acide de potasse possède ces dernières propriétés de l'acide oxalique calciné ; il donne un résidu alcalin (carbonate de potasse).

10. — Eau régale. — Mélange d'acide nitrique et d'acide hydrochlorique ; dissout l'or ; donne un précipité par l'azotate d'argent.

11. — Acide phosphorique. — Solide ou en dissolution. — Un papier imprégné de cet acide et chauffé légèrement charbonne comme avec l'acide sulfurique ; mais il ne donne pas l'odeur du soufre qui brûle ni les fumées épaisses qui caractérisent l'acide sulfurique.

12. — Acide oléique. — Liquide et combustible comme l'huile ; il est soluble dans l'alcool et insoluble dans l'eau pure, qui trouble la solution alcoolique ; il est soluble dans l'eau tenant du carbonate de soude en dissolution. Sa couleur varie du jaune paille au jaune brun.

13. — Acide stéarique. — Matière grasse des bougies dites stéariques, en plaques nacrées à cassure cristalline ; soluble dans l'alcool et dans l'eau qui tient en dissolution du carbonate de soude.

14. — Acide benzoïque. — Lamelles blanches ; fond sur un papier comme une graisse, se dissipe au feu en fumées irritantes ; insoluble dans l'eau ; n'a pas la saveur acide, mais acre, chaude, un peu amère, odeur faible.

Oxydes.

On donne le nom d'oxyde à toute combinaison d'un corps simple avec l'oxygène, quand le composé qui en résulte ne possède pas les caractères d'un acide, c'est-à-dire lorsqu'il est neutre ou n'a qu'une réaction alcaline.

15. — Oxyde de cuivre. — Poudre bleu pâle ou noire : dissous dans l'acide azotique, il donne un liquide bleu. L'ammoniaque versée en excès exalte la couleur ; une lame de fer qu'on plonge dans une dissolution de cuivre se recouvre de cuivre métallique reconnaissable à sa couleur et à l'odeur caractéristique bien connue qu'il communique aux doigts.

16. — Oxyde de fer. — Jaune, rouge ou brun violet ; soluble dans l'acide chlorhydrique, sa dissolution, toujours jaune, donne du bleu de Prusse avec le prussiate jaune de potasse.

17. — Oxyde d'étain. — Poudre blanche, jaunâtre ou grisâtre : se dissout dans l'acide hydrochlorique ; la solution évaporée à siccité (en évitant de calciner), donne un résidu qui communique aux doigts l'odeur de poisson caractéristique des sels d'étain.

18. — Oxyde d'urane. — Généralement en poudre jaune : calciné avec le salpêtre, et repris par l'acide azotique, il donne une solution jaune qui, en présence d'un excès d'ammoniaque, fournit un précipité jaune. (Employer peu d'acide azotique, verser l'ammoniaque avec précaution.)

19. — Oxyde de zinc (Blanc de zinc). — Poudre ; il devient jaune quand on le chauffe et redevient blanc par le refroidissement ; présente d'ailleurs les caractères de l'oxyde gris.

20. — Oxyde de zinc gris. — Sa couleur est caractéristique : il est

soluble dans l'acide nitrique affaibli : la dissolution, à laquelle on ajoute de la craie en assez grande quantité pour qu'il en reste sans se dissoudre, abandonnée au repos, donne un liquide clair que le prussiate jaune de potasse précipite en blanc et le prussiate rouge précipite en jaune.

21. — Oxyde de plomb. — On obtient le protoxyde de plomb sous forme d'une poudre jaune, par la calcination de l'azotate ou du carbonate de plomb. A cet état l'oxyde prend le nom de *Massicot*. Cette poudre fond à la chaleur rouge et donne après le refroidissement une masse à feuillets cristallins : on l'appelle *litharge*. Pour obtenir la poudre d'un beau rouge orange appelée *minium*, on chauffe au contact de l'air, à une température ménagée, du massicot en poudre fine. Le minium préparé en décomposant de la céruse, ou carbonate de plomb, au contact de l'air, a une couleur plus pâle que le minium ordinaire et on le désigne sous le nom de *mine orange*.

22. — Oxyde d'urane. — A l'état de protoxyde, il est le plus souvent brun ou vert et pulvérulent, ou bien noir et cristallin ; à l'état de peroxyde ; il est sous forme d'une poudre d'un beau jaune foncé, très éclatant quand toutefois il est pur. — L'acide nitrique les dissout tous deux aisément. Le protoxyde donne des dissolutions vertes qui deviennent bientôt jaunes : quand au peroxyde, sa dissolution dans les acides est toujours jaune.

Oxyde de cobalt. — (Voir safre et autres composés du cobalt).

Sels.

Un sel est le résultat de la combinaison d'un acide avec une base.

23. — Alun de chrome. — Les cristaux d'alun de chrome paraissent noirs par réflexion et violets par transparence : ils présentent la constitution de l'alun ordinaire : seulement l'alumine y est remplacée par l'oxyde de chrome.

Un cristal d'alun de chrome calciné donne un résidu qui, chauffé avec un peu de potasse, produit au contact de l'air du chromate de potasse (sel jaune).

24. — Alun brulé ou calciné. — Dissous dans l'eau colore en rouge le papier bleu de tournesol : a une saveur caractéristique astringente, présente comme les précédents les caractères des sulfates, et donne avec l'ammoniaque un précipité blanc gélatineux d'alumine.

25. — Acétate de fer liquide. — Chauffé, donne l'odeur plus ou moins marquée du vinaigre : le résidu sec calciné présente les caractères de l'oxyde de fer.

26. — Acétate de cuivre (vert de gris). — En poudre ou en boules ; insoluble ou peu soluble dans l'eau, une goutte d'acide sulfurique le dissout en développant l'odeur de vinaigre ; la dissolution présente les caractères des sels de cuivre.

Acétate de cuivre (verdet). — Mêmes propriétés que le précédent ; se présente en beaux cristaux, souvent en grappes.

27. — Acétate de potasse. — Sel blanc, l'addition de l'acide sulfurique développe l'odeur du vinaigre : le sel calciné fortement donne un résidu de carbonate de potasse.

28. — Acétate de soude. — Mêmes caractères que le précédent, seulement le résidu est du carbonate de soude.

29. — Acétate de plomb (sucre de saturne). — Sel blanc, aiguillé, très-vénéneux : à saveur sucrée et métallique. L'addition de l'acide sulfurique développe l'odeur du vinaigre, la dissolution présente les caractères des sels de plomb.

30. — Arséniate de potasse. — Ce sel cristallise en prismes tétraèdres, terminés en pyramides à quatre faces. Il est blanc, soluble dans l'eau, rougit le tournesol, forme un précipité rouge *briqueté* dans la solution de nitrate d'argent ; lorsqu'on le chauffe sur des charbons ardents, il dégage une odeur d'ail.

31. — Borax (borate de soude). — Ramène au bleu le papier de tournesol : fond au chalumeau et donne une perle soluble. Fondu avec l'oxyde de cobalt, il se colore en bleu.

Le borax mi-raffiné et raffiné se distingue du borax brut à la transparence, à la grosseur, à la pureté de ses cristaux qui sont incolores.

32. — Chromate de plomb. — Ce produit est en poudre d'un jaune très-riche et très-brillant *à l'état neutre*, et d'un jaune orangé *à l'état de sous-chromate*. On le reconnait par les caractères suivants :

Il est insoluble dans l'eau pure, mais se dissout entièrement dans les acides nitrique et hydrochlorique étendus d'eau. Délayé dans de l'eau et traité par l'acide sulfurique, il se convertit en poudre blanche et en liqueur d'un beau jaune. Enfin, en le dissolvant dans l'acide nitrique et en saturant la liqueur avec de la potasse, on le rétablit à l'état de chromate de plomb.

33. — Chromate de potasse. — Il en existe de trois sortes dans le commerce : 1° le chromate brun, qui est en poudre : c'est le produit de la calcination du minerai de fer chromaté, pulvérisé avec un poids égal de nitrate de potasse (*nitre* ou *salpêtre*) ; 2° le chromate jaune *neutre* ou *alcalin*, qui est en cristaux grenus d'un jaune serin : 3° enfin, le chromate rouge (*bi-chromate* ou *chromate acide*), qui est en cristaux d'un beau rouge rubis, agglomérés quelquefois en masses solides. Ce dernier est très pesant : exposé à l'air sec, il perd une partie de son eau de cristallisation et se couvre d'une efflorescence jaune. Ces trois variétés sont entièrement solubles dans l'eau froide qu'elles colorent immédiatement en jaune plus ou moins foncé, sauf le chromate brun qui ne se dissout qu'en partie.

34. — Carbonate de potasse. — En masse de cristaux blancs ou en masse fondue. Est inodore, fixe, déliquescent. Se dissout avec effervescence (bouillonnement) dans les acides. L'acide hydrochlorique par exemple : cette dissolution concentrée est précipitée par le chlorure de platine, ce qui est un caractère excellent pour les sels de potasse. (Le bicarbonate de potasse est cristallisé ; n'est pas déliquescent ; il le devient par l'effet de la calcination qui le change en carbonate.)

35. — Carbonate de soude, sel de soude. — Le sel de soude est en poudre blanche ; alcalin au papier de tournesol ; fait effervescence avec les acides : saturé, il donne un sel de *soude qui prend les caractères généraux* des sels de soude. Le bicarbonate de soude est un carbonate comme le précédent. Calciné il perd de l'acide carbonique et sa saveur devient plus prononcée. (Il devient carbonate).

36. — Carbonate cristallisé (cristaux de soude). — Cristallisé, transparent, et, de plus, présente, une fois dissous, les caractères des sels de soude.

37. — Carbonate de magnésie. — Blanc, généralement en pains très-légers, soluble dans l'acide hydrochlorique avec effervescence. La dissolution, maintenue sur un excès de carbonate de magnésie, puis décantée claire, a une saveur amère et présente les caractères du sulfate de magnésie.

38. — Carbonate de plomb. — Les carbonates de plomb sont solubles en tout ou partie avec ou sans effervescence dans l'acide azotique affaibli par l'eau ; le chromate de potasse fait naître dans la dissolution un précipité jaune qu'un peu de potasse caustique fait virer à l'orange.

Le carbonate de plomb comprend : 1° la céruse ; 2° le blanc de plomb et 3° le blanc d'argent.

Céruse. — La céruse, que l'on nomme communément *blanc de céruse*, est du carbonate de plomb broyé et très-souvent mélangé, soit avec du sulfate de baryte, soit avec du sulfate de plomb, soit même avec de la craie, ce qui, dans ce dernier cas, lui ôte de son prix.

Un moyen facile de reconnaître la céruse est de mettre une petite partie du produit présenté sur une pelle rougie et de la tenir, une minute ou deux, sur des charbons ardents. S'il s'agit de céruse, elle reprendra l'aspect des oxydes de plomb, c'est-à-dire que la substance éprouvée deviendra jaune.

La céruse *commune* est généralement mélangée aussi d'une très-petite quantité de charbon ou d'indigo, destinée à lui ôter son reflet jaunâtre. Celle *de Hollande* est colorée par le sulfure de plomb.

Blanc de plomb. — Carbonate de plomb *pur* obtenu en exposant des lames de plomb à l'air et à la vapeur de l'acide acétique. Quand il n'a reçu aucune préparation ultérieure, le blanc de plomb est en écailles lamellées de 2 à 5 millimètres d'épaisseur, d'une surface raboteuse et grisâtre, d'une cassure lisse et d'un blanc azuré.

Blanc d'argent. — Carbonate de plomb *très-pur* et de la plus belle qualité. Ce produit, connu aussi dans le commerce sous le nom de *blanc de Krems*, est un blanc de plomb préparé par des procédés particuliers. On l'importe en petits pains rectangulaires, du poids de 250 grammes environ et enveloppés de papier. La pâte du blanc d'argent est fine et serrée, d'un blanc très-pur, et sa cassure est bien nette. On n'en fait usage que pour les tableaux, les décorations de luxe et les peintures fines.

39. — Carbonate de baryte. — Le carbonate de baryte existe à l'état *natif* dans plusieurs pays et notamment en Angleterre, où l'on en trouve, dans le *Lancashire*, des filons assez abondants. Il est translucide à l'égal de la corne. On le distingue à son poids, à sa texture fibreuse et à sa couleur verdâtre. Il agit sur l'économie animale comme un vomitif violent : c'est un poison. On l'appelle vulgairement *pierre à rats* (*Circulaire* n° 1449). Il est exempt à l'entrée, par navire français, d'après le Tarif général.

Quant au carbonate de baryte *artificiel*, il est rangé dans la classe des *Produits chimiques non dénommés* (*Même Circulaire*).

40. — Citrates de chaux. — Poudre blanche ou jaunâtre ; calcinée, donne l'odeur de caramel et un résidu insipide que les acides dissolvent avec effervescence (carbonate de chaux).

41. — Chlorures d'étain. — Les sels d'étain sont caractérisés par l'odeur fétide de poisson très-prononcée que leur dissolution communique aux doigts, quand on échauffe ceux-ci par le frottement.

Le sel d'étain (protochlorure) est en cristaux aiguillés : le bichlorure est en plaques amorphes ou en dissolution. La liqueur fumante de Libavius n'est autre chose que le bichlorure d'étain anhydre, elle est renfermée dans des flacons hermétiquement fermés et répand, au

contact de l'air, des fumées abondantes. Ce liquide est très-corrosif.

42. — Chlorures de mercure. — Il y a deux chlorures de mercure, tous deux blancs : l'un est insoluble, plus riche en mercure ; on l'appelle mercure doux, *calomel;* l'autre, moins riche en mercure, est le *sublimé corrosif :* ce sel est soluble dans l'eau et dans l'alcool ; tous deux, chauffés dans un tube à l'état de mélange, avec un peu de craie, donnent un mercure coulant.

43. — Chlorure de magnesium. — Petits cristaux ; caractérisé par la saveur des sels magnésiens. Comme chlorure, il précipite par le nitrate d'argent; comme sel de magnésie, il présente les caractères des sulfates et carbonates de magnésie.

44. — Chlorure de baryum. — Les sels de baryte sont reconnus par le précipité que l'acide sulfurique ou les sulfates solubles forment dans leur dissolution. Les chlorures sont caractérisés par la précipitation qu'y occasionne le nitrate d'argent.

Le chlorure de baryum présente les propriétés des chlorures et celles des sels de baryte.

45. — Chlorure de potassium ou hydrochlorate ou muriate de potasse. — Soluble ; sa saveur est légèrement amère, sa dissolution, à laquelle on ajoute une goutte d'azotate d'argent, donne un précipité que l'ammoniaque dissout. La dissolution concentrée de l'acide tartrique y produit un précipité cristallin de *crème de tartre*. Ces petits cristaux, recueillis et calcinés, donnent une cendre alcaline déliquescente. (Carbonate de potasse.)

46. — Cyanure de potassium. — Ce sel est en plaques blanches ou grisâtres ; il est soluble ; on le conserve dans des vases hermétiquement clos (pots de grès ou autres) ; il exhale une odeur rappelant l'amande amère (acide prussique) ; produit très-vénéneux.

47. — Cendres. — De couleur grise, mêlées de fragments de combustibles non brûlés. L'eau qui lave les cendres vives ramène au bleu le papier de tournesol, et laisse, par évaporation, un résidu (salin) qui donne sous l'action de l'acide hydrochlorique étendu d'eau une effervescence de gaz inodores ou peu odorants, avec production de chlorure de potassium.

48. — Iodure de potassium. — Sel cristallisé; sa dissolution donne, avec l'azotate d'argent un précipité jaune que l'ammoniaque ne dissout pas. Un fragment chauffé dans un tube avec quelques gouttes d'acide sulfurique, répand les vapeurs violettes caractéristiques de l'iode.

49. — Jus de citron. — Odeur caractéristique, souvent faible, de citron; acide au goût; une goutte évaporée donne un résidu qui, fortement chauffé, répand l'odeur du caramel.

50. — Lies de vin. — Plus ou moins rouges; présentent les caractères des tartrates.

51. — Nitrate de soude. — Jeté sur le charbon, il avive la combustion, et donne pour résidu du carbonate de soude.

52. — Nitrate de potasse ou salpêtre. — Un fragment posé sur un charbon incandescent avive la combustion ; le résidu qui se trouve sur le charbon est du carbonate de potasse ; son aspect et sa saveur suffisent pour le caractériser.

53. — Nitrate de strontiane. — Ce sel, employé par la pyrotechnie, colore en rouge les feux d'artifice : comme le salpêtre, il fuse sur les charbons ardents. L'alcool versé sur le nitrate de strontiane sec donne, si on l'allume après macération, une flamme rouge caractéristique.

54. — Natron. — Mêmes caractères que les cristaux de soude. Son aspect extérieur peut d'ailleurs le faire distinguer.

55. — Potasse (Voir carbonate de potasse). — La potasse non carbonatée ou caustique présente les mêmes caractères que le carbonate ; excepté qu'elle ne fait que peu ou pas d'effervescence avec les acides.

56. — Phosphates naturels. — Caractères de la cendre d'os. Le précipité par l'ammoniaque peut être plus ou moins ocreux.

57. — Sels ammoniacaux bruts ou raffinés. — Sels blancs ou gris. Le chlorhydrate est souvent en pains hémisphériques. Celui-ci, chauffé dans un tube se volatilise. Le sulfate mêlé de sel marin et chauffé dans un tube produit du chlorhydrate qui se volatilise. L'un et l'autre, mêlés de chaux ou de potasse ou même de craie ou de carbonate de potasse ou de soude, produisent, quand on chauffe le mélange, l'odeur *ammoniacale* caractéristique.

58. — Sels de soude. — Tous les sels de soude qui suivent, ainsi que le borax et même le nitrate de soude, ont ce caractère commun qu'ils sont décomposés par l'acide hydrochlorique concentré, lequel donne même naissance à un dépôt cristallin de sel proprement dit (sel comestible) reconnaissable à sa saveur lorsque, l'ayant recueilli et étanché dans un papier buvard ou a, par la chaleur, enlevé le peu d'acide qui le mouille.

59. — Soudes et varechs. — Aspect voisin de celui de la soude brute ; l'eau qui a agi sur ce produit est précipitée par le chlorure de barium, l'azotate d'argent et par le chlorure de platine après addition d'acide hydrochlorique.

60. — Soude artificielle brute. — En morceaux gris, souvent boursouflés ; on y distingue des fragments de charbon. Par l'eau on en extrait du carbonate de soude ; le résidu insoluble donne, par les acides, un dégagement de gaz à odeur d'œufs gâtés (Acide sulfhydrique).

61. — Sulfate de soude anhydre ou cristallisé. — Soluble dans l'eau ; donne par le chlorure de barium les caractères des sulfates ; il possède en outre le caractère général des sels de soude.

62. — Sulfate de potasse. — Cristaux blancs, le plus souvent insolubles dans l'eau froide ; est neutre ou acide. Dissous, il est précipité par le chlorure de barium. Le liquide éclairci et décanté donne par évaporation du chlorure de potassium. (Voir le paragraphe relatif à ce produit.)

63. — Sulfate de chaux (artificiel). — Poudre blanche, fine, soyeuse, légère ; soluble dans l'acide chlorhydrique très-concentré et à chaud. Les cristaux se reproduisent par le refroidissement du liquide.

L'eau qui a macéré sur le sulfate de chaux donne avec les sels de baryte et avec l'oxalate d'ammoniaque les caractères des sulfates et des sels de chaux.

64. — Sulfate de baryte. — Poudre blanche ou pierre très-dense qu'on réduit en poudre. Insoluble dans l'eau et dans les acides ; mélangé avec le charbon et calciné à l'abri de l'air, donne un résidu à saveur d'eau de Baréges et qui, mouillé, noircit l'argent. (Sulfure de barium.)

65. — Sulfate de cuivre. — Cristaux bleus. La dissolution présente les propriétés des sulfates (précipite par le chlorure de barium) et des sels de cuivre (Voir oxyde de cuivre.)

66. — Sulfate de zinc. — En cristaux blancs, en pains ou en plaques ; présente les propriétés des sulfates et des sels de zinc. (Voir oxyde de zinc.)

67. — Sulfate de magnésie. — Aiguilles blanches ; saveur amère. La dissolution est précipitée comme tous les sulfates par le chlorure de barium ; de plus, elle est précipitée par l'ammoniaque. Le dépôt disparaît dans une dissolution d'hydrochlorate d'ammoniaque.

68. — Sulfate de sesquioxyde de fer. — Le commerce le livre en poudre jaune ou en plaques jaunes brunâtres, formées de morceaux réguliers ; il est difficilement soluble dans l'eau, même à l'état d'ébullition : saveur astringente. Sa dissolution faible donne lieu à un précipité blanc par les sels de baryte (caractère des sulfates) et à un précipité bleu par le cyanoferrure de potassium (caractère des sels de sesquioxyde de fer). Ce produit est du sulfate de fer ordinaire (couperose verte suroxydé).

69. — Sel médicinal de Kreutznach. — Présente les caractères des sels magnésiens. C'est le résidu de l'évaporation de l'eau minérale de Kreutznach.

70. — Sulfure de carbone. — Liquide, très-fluide, très-volatil, inflammable; brûle comme le soufre avec une flamme bleue; dangereux à respirer, asphyxiant.

Ce liquide ne doit laisser en s'évaporant qu'un résidu très-faible de soufre.

71. — Silicate et aluminate de soude. — Ces deux produits, solubles l'un et l'autre, donnent par l'addition d'une petite quantité d'acide chlorhydrique un produit gélatineux; l'eau de dissolution se solidifie, et cette gelée, en séchant par la chaleur, laisse un résidu pulvérulent à saveur de *sel de table*. Si le résidu, après légère calcination, est insoluble dans l'acide chlorhydrique, il est constitué par de la silice: il s'agit alors de silicate de soude; s'il est demeuré soluble, c'est au contraire de l'aluminate.

Les silicates et aluminates de potasse se comportent de la même manière avec l'acide chlorhydrique; mais le résidu (chlorure de potassium mêlé de silice ou d'alumine) n'a pas la saveur du sel et sa dissolution présente avec les sels de platine les caractères des sels de potasse.

72. — Salin de betteraves. — Présente les caractères du carbonate et du chlorure de potassium. Traité par l'acide hydrochlorique, il donne une dissolution qui, avec le chlorure de platine fortement concentré, fournit un dépôt jaune.

Nota. Si la liqueur décantée, évaporée à sec et cristallisée donnait un résidu *abondant* ayant la *saveur* du sel, il y aurait à craindre que le salin ne fût *riche* en soude. Il devrait en ce cas être soumis à l'expertise légale.

73. — Sucre de lait. — Fragments irréguliers, croque sous la dent; saveur à peine sucrée; brûle avec une odeur de caramel.

74. — Safre et autres composés de cobalt. — Les composés du cobalt, noirs, bleus, roses, fondus au chalumeau, avec le borax, donnent une perle bleue; calcinés au chalumeau, et mélangés avec l'oxyde de zinc, il donnent une poudre verte.

75. — Tartrates de potasse. — Fragments grenus plus ou moins blancs; saveur acidulée; croquant sous les dents; calcinés, répandent l'odeur du caramel et laissent, comme résidu, une cendre de carbonate de potasse.

Corps simples.

76. — Brome. — Liquide rouge brun, très-dangereux à respirer. Odeur analogue à celle du précédent, mais plus désagréable et plus pénétrante. Une goutte, qu'on fait tomber sur une feuille de papier, se dissipe en une fumée jaune rougeâtre.

Nota. Ce liquide est couvert d'une couche d'acide sulfurique concentré, dans le but d'en empêcher la volatilisation.

77. — Iode. — Corps simple, solide, en paillettes, noir gris d'acier: colore la peau en jaune (cette couleur est fugitive): odeur qui rappelle un peu celle de l'eau de Javelle; chauffé, il donne des vapeurs violettes.

Alcools chimiques.

78. — Alcools. — Primitivement le nom de l'alcool a été donné au produit de la distillation du jus de raisin fermenté, il a ensuite été étendu aux produits de la distillation des diverses boissons, et l'expérience a prouvé que ces produits, dont la saveur peut être différente, sont *une matière unique* quelle que soit la substance dont on l'ait retirée: seulement cette matière se trouve plus ou moins mélangée de principes étrangers. Plus tard, on a étendu la dénomination du mot *alcool*: il ne désigne plus seulement des produits différents par le goût, constituant toutefois un liquide unique, que l'on range sous ce nom, mais encore des matières diverses que leur aspect, leur nature, leurs propriétés, leurs applications rendent très-distinctes et que rapprochent seulement certaines qualités chimiques fondamentales. C'est ainsi, que chimiquement, on arrive à ranger le glucose ou sucre de fécule dans la classe des alcools. Par cette raison, le service devra exiger que la déclaration indique spécialement le nom chimique particulier de l'alcool importé. Si ce nom d'alcool n'était pas suivi de sa dénomination scientifique, le produit devrait être considéré et traité comme alcool pur de vin.

Il y a donc à distinguer les alcools proprement dits des alcools chimiques, lesquels portent outre leur nom générique une désignation spéciale qui permet de les distinguer pour l'application des droits; tels sont l'alcool méthylique et l'alcool amylique.

Alcool méthylique. — Son nom vulgaire est *esprit de bois;* l'analogie de ce corps avec l'alcool proprement dit est très-grande, mais sa saveur et son odeur sont caractéristiques.

Si, après comparaison, il semblait que ces caractères ne fussent pas très-nets, il faudrait recourir à l'expertise, dans la crainte que le produit présenté ne put être un mélange d'*alcool proprement dit* avec une faible quantité d'alcool méthylique.

Alcool amylique. — Ce produit tache le papier; il est peu soluble dans l'eau. Si l'on pose dans un tube divisé un volume connu d'eau et d'alcool amylique et qu'ensuite on agite et abandonne au repos le mélange, les deux liquides mêlés par l'agitation reprendront leur place respective, sans que le volume de l'un ni de l'autre change sensiblement. Les alcools quelconques ne doivent pas laisser de résidu à la distillation.

Dérivés de l'essence de houille.

79. — L'essence de houille est fluide: elle peut être incolore. Son odeur est caractéristique: volatile sans résidu, insoluble dans l'eau même acidulée.

Le droit conventionnel de 5 p. % s'applique à l'essence de houille et à la benzine qui n'est que de l'essence de houille purifiée. La nitrobenzine et l'aniline qui sont des dérivés de l'essence de houille sont traitées, d'après le tarif général, comme produits chimiques non dénommés.

80. — Aniline. — Ce produit est fluide; il tache le papier à la manière de l'huile: il est soluble dans l'eau, plus soluble dans l'action des acides. Une goutte d'acide sulfurique rencontrant une goutte d'aniline donne un magma cristallin.

81. — Nitrobenzine. — Ce produit a l'odeur d'amande amère; cette propriété est caractéristique. C'est avec la nitrobenzine qu'on produit l'aniline.

82. — Naphthaline. — Solide, en plaques épaisses translucides ou en écailles transparentes; son odeur caractéristique rappelle le gaz de l'éclairage. Ce produit est volatil, presque sans résidu, et l'odeur qu'il répand est la même pendant tout le temps de sa vaporisation.

83. — Acide phénique. — Ce produit s'extrait aussi du goudron de houille: il est blanc, cristallisé, peu soluble dans l'eau, soluble dans les dissolutions alcalines: chauffé, il distille sans résidu, est inflammable et brûle avec une flamme fuligineuse.

84. — Acide picrique, acide carbazotique. — En petits cristaux jaunes: solubles dans l'eau. Leur dissolution a une saveur amère: un de leurs cristaux chauffé brusquement détonne.

Teintures.

85. — Maurelle. — Le tarif entend parler seulement du *tournesol en drapeau*, c'est-à-dire des chiffons de coton peints en rouge par le suc du *croton tinctorium* dans lequel on fait développer une couleur bleue par l'action de l'ammoniaque et de l'air. — Ces chiffons servent à donner le bleu dont on teint principalement certains fromages. On assimile au tournesol en drapeau les chiffons imprégnés de rouge pour fard.

86. — Kermès (graine d'écarlate). — Provient d'un insecte (*coccus ilicis*); le corps de la femelle renferme un suc rouge de la nature de la couleur que produit la cochenille.

87. — Bleu de Prusse. — Couleur caractéristique; souvent en pains à reflets cuivrés; une dissolution de potasse le rend ocreux; l'addition ménagée de l'acide hydrochlorique qui neutralise la potasse, fait revivre le bleu.

88. — Orseilles de toute sorte. — En pâte ou en extrait. L'eau ammoniacale donne une dissolution violette que les acides rougissent plus ou moins énergiquement.

89. — Garancine. — Poudre brunâtre, légère; donne avec l'alcool un liquide rouge orangé que l'ammoniaque vire au pourpre violet. Une goutte de dissolution d'alun, ajoutée à ce mélange, décolore le liquide et produit un dépôt coloré (laque).

90. — Curcuma en poudre. — C'est la poudre de la racine de curcuma (*terra merita*). On la reconnait comme poudre ligneuse en la regardant à la loupe; elle donne, par l'alcool, une couleur jaune que les alcalis font virer au rouge.

Couleurs.

91. — Prussiate rouge de potasse. — Cristaux de couleur grenat. Leur dissolution, rouge, donne avec les sels de fer, un précipité bleu (sel de protoxyde de fer) ou une liqueur rouge (sel de peroxyde de fer); celle-ci tache en bleu une lame de fer.

92. — Prussiate jaune de potasse. En cristaux jaunes ou en poudre blanchâtre; sa dissolution jaune donne, avec les sels de fer, un précipité plus ou moins bleu (selon le degré d'oxydation).

93. — Stil-de-grain. — Laque jaune de la graine d'Avignon à base de chaux. Calcinée, elle laisse un résidu blanc de carbonate de chaux insoluble dans l'eau et qui fait effervescence avec les acides, en produisant du chlorure de calcium non volatil ni déliquescent.

94. — Vert de montagne. — Carbonate de cuivre; se dissout avec effervescence dans les acides: la dissolution présente les propriétés des sels de cuivre.

95. — Noir d'os. — En petits grains ou en poudre; calciné, le noir d'os laisse une cendre blanche. L'acide chlorhydrique dissout celle-ci. La dissolution donne avec l'ammoniaque un précipité blanc gélatineux. Le noir animal décolore le vin rouge.

96. — Vernis. — Liquides qui, versés sur une surface, laissent après évaporation un enduit transparent et brillant; il sont fournis par la dissolution d'un corps résineux. L'odeur permet de reconnaître la nature des vernis à *l'essence* et à *l'alcool*. l'addition de l'alcool permet de caractériser les vernis à l'huile.

97. — Cendres bleues ou vertes. — Poudre se dissolvant dans l'acide azotique avec effervescence: la dissolution produit les mêmes réactions que la dissolution de l'oxyde de cuivre.

98. — Couleurs non dénommées. — Les couleurs *non dénommées* sont entre autres: le bistre, — le bleu de montagne, en tant que c'est une couleur et non du bleu de Prusse commun — le bronze pulvérisé, — les débris de momie, — l'encre de Sèche en vésicules, dite *sépia*, — le fusain, — le jaune minéral, — le jaune de Naples, — la laque rosette, — les laques de garance, de bois de teinture et toutes les préparations dites laques employées pour la peinture. — l'orpiment *ou* orpin naturel *pulvérisé*, que l'on nomme aussi *jaune de Cassel, jaune de Roi* ou *jaune royal*, — le mat, préparation dont le nitre fait la base, — le noir minéral liquide ou pétri en trochisque, — la pourpre naturelle ou factice, qui est une couleur liquide, — le talc *pulvérisé*, — le vert minéral de Brunswick et de perroquet, — le vert de vessie, — et généralement toutes les couleurs préparées non spécialement tarifées, qu'elles soient sèches ou liquides, en poudre, en sacs ou vessies, en boîtes, en vases ou en trochisques.

On doit ajouter à cette liste diverses couleurs qui dérivent de la houille et qui sont connues dans le commerce sous les noms de fuchsine, azaléine, roséine, azuline, bleuine, indisine, etc. La soie prend directement ces couleurs dissoutes ou délayées dans l'eau.

Compositions diverses.

99. — Albumine. — Plaques ou écailles transparentes ou poudre; soluble dans l'eau. La dissolution chauffée se coagule comme du blanc d'œuf.

100. — Savon de toilette. — Ce savon est caractérisé par son parfum. D'ordinaire il est débité en morceaux très-petits.

Métaux.

101. — Fonte brute. — La distinction établie par le Tarif général entre les masses d'un poids inférieur à 15 kil. et celles d'un poids égal ou supérieur à 15 kil. est supprimée à l'égard des fontes brutes venant d'Angleterre. Elles sont toutes passibles, sans distinction, du droit de 2 fr. 50 cent. par 100 kil.

102. — Fonte mazée. — L'observation qui précède s'applique égale- ent aux fontes mazées, qui sont soumises, sans distinction de poids, droit de 3 fr. 25 cent.

Il existe des fontes brutes blanches dont l'aspect offre beaucoup d'ana- gie avec celui de la fonte mazée; s'il venait à s'élever à cet égard des utes ou des contestations, on devrait recourir à l'expertise dans les rmes déterminées par la loi du 27 juillet 1822.

103. — Fers. — Le droit de 7 francs est applicable aux fers en barres ix rails de toutes formes et dimensions, fers d'angle et à T, ainsi qu'aux uillards en bandes de plus d'un millimètre d'épaisseur et aux fers tré- és au-dessus de 5 dixièmes de millimètre de diamètre, même s'ils ont étamés, cuivrés ou zingués ci-après :

Depuis l'application du puddlage à la fabrication de l'acier on trouve ans le commerce des aciers qui présentent à l'œil une grande analogie vec le fer. Ce doit être un motif de plus de recourir, pour peu qu'il y t des doutes, aux procédés de vérification indiqués ci-après :

Pour distinguer le fer de l'acier il faut faire rougir le métal jusqu'à e qu'il devienne *couleur cerise* et le jeter ensuite dans l'eau froide; s'il agit d'acier, il se trempe, résiste à la lime et se casse au choc du mar- au; le fer, au contraire, plie sans se casser et se laisse entamer par la me.

L'acide nitrique fournit un autre moyen de reconnaissance: un peu e cet acide étendu sur l'acier le noircit, tandis qu'il produit sur le fer ne tache d'un vert blanchâtre.

104. — Fers en barres. — Les *bandes de roues* en fer qui, suivant e qui est rappelé au tarif général, sont assimilées aux fers en barres arrées de moins de 15 millimètres d'épaisseur, doivent, pour l'applica- on de la convention, être traitées comme pièces détachées de machines assibles du droit de 15 francs les 100 kil. Toutefois il doit demeu- er entendu que si l'on présentait des barres droites de fer ou d'acier rofilées au laminoir ou sous le marteau et même coupées de longueur our former des bandages de roues de locomotives, de wagons ou de harrettes ordinaires, ces produits seraient taxés comme les barres de fer u d'acier, suivant leur nature.

105. — Fers bruts en massiaux ou prismes retenant encore des sco- ies. — Les fers bruts en massiaux ou prismes *retenant encore des sco- ies* sont assujettis à un droit de 5 francs par 100 kil.; ceux de ces mas- iaux qui seraient *purgés de scories* doivent suivre le régime *des fers en arres*.

Dans le cas où l'on présenterait comme massiaux des fers purgés de cories et n'ayant pas l'aspect inégal, rugueux et criqué des massiaux roprement dits, le service ne devrait pas hésiter à leur appliquer le roit général de 7 fr. établi sur les fers, et, en cas de contestation, à re- ourir à l'expertise légale.

106. — Tôles de fer. — A raison des nouveaux abaissements de droits, l devient plus que jamais nécessaire de ne pas laisser introduire des ôles sous la dénomination de fers. Les modes de fabrication ne sont as les mêmes pour le fer et la tôle: ils révèlent parfois mieux que les limensions la véritable nature des produits. Les barres plates sont ob- enues soit par le martelage, soit par l'étirage entre des cylindres à can- elures. Les tôles comme les feuillards sont étirées entre des cylindres nis. De là une différence d'aspect très-sensible : les barres plates sont erminées latéralement par des faces planes rectangulaires; les tôles par les surfaces arrondies et un peu ondulées, à moins qu'on ne les ait ci- aillées. Dans ce dernier cas, les faces latérales se distinguent par leur brillant et par la netteté que l'opération du découpage donne aux arêtes. En général, on ne fabrique pas de tôles de moins de 25 centimètres de largeur; mais des bandes plus étroites peuvent avoir été découpées dans les feuilles de tôle, et elles deviennent passibles dès lors, suivant leur épaisseur, du droit de 8 fr. 50 cent. ou de celui de 13 francs.

La largeur des fers feuillards d'un millimètre d'épaisseur ou au-des- sous ne dépasse pas 4 centimètres: les bandes en fer mince dont la lar- geur excéderait cette limite, et celles de moindre largeur qui auraient été découpées à la cisaille, rentrent dans la classe des tôles minces taxées à 13 francs.

Le droit supplémentaire de 10 p. 0/0 est exigible pour toutes les tôles, fortes ou minces, qui, disposées pour un emploi industriel quel- conque, ne conservent plus leur forme rectangulaire.

107. — Fer-blanc. — On rappelle que les caisses de fer-blanc dans lesquelles ce métal est parfois importé payent, comme ces feuilles elles- mêmes, le droit de 16 francs.

108. — Fils de fer. — Le tarif conventionnel qui soumet au droit de 14 francs les fils de fer de cinq dixièmes de millimètre de diamètre ou moins, et range ceux de plus forte dimension dans la classe des fers en barres, ne fait aucune distinction suivant que les uns ou les autres sont ou non étamés, cuivrés ou zingués. Par une conséquence de cette disposition, les cordes métalliques en fer, blanches pour instruments, suivront le régime des fils de fer ordinaires, selon leurs dimensions. Elles devront ainsi acquitter le droit de 7 francs ou celui de 14 francs suivant qu'elles auront plus de cinq dixièmes de millimètre de diamètre ou bien cinq dixièmes de millimètre et au-dessous. Mais il est recom- mandé au service de s'attacher à distinguer avec soin les cordes d'instru- ments *en fil d'acier* des cordes de même sorte *en fil de fer*, afin de n'ap- pliquer aux unes et aux autres que les droits qui leur sont propres et dont la quotité est très-différente. Voir circulaire N. 752 le moyen pra- tique de déterminer le diamètre des fils de fer dont la section transver- sale, au lieu d'être circulaire, est sensiblement aplatie et elliptique.

109. — Aciers. — L'acier feuillard est soumis au même droit que les aciers en barres de toute sorte. Tout ce qui n'est pas tôle d'acier, dans l'acception des termes du tarif conventionnel, doit être considéré comme acier en barres ou feuillard.

110. — Acier en barres. — On assimile à l'acier les barres de fer rechargé d'acier et les massiaux d'acier. S'il en était présenté, on les assujettirait au droit de 15 fr. Ce droit porte d'ailleurs, sans distinction, sur les aciers en barres de toute sorte, quels qu'en soient la valeur et le mode de fabrication (aciers naturels, puddlés, cémentés ou fondus).

111. — Acier en tôle. — Les aciers en tôles se divisent en plusieurs classes, savoir : 1° celle des aciers en tôle ou en bandes brunes, lami- nées à chaud, d'une épaisseur supérieure à un demi-millimètre, aux- quels le droit de 22 fr. est applicable; 2° celle des aciers en tôle ou en bandes brunes, laminées à chaud d'un demi-millimètre d'épaisseur ou moins; 3° celle des aciers en tôle ou en bandes blanches, laminées à froid, quelle que soit l'épaisseur. Ces deux dernières classes sont assujet- ties l'une et l'autre à la taxe de 30 fr. les 100 kil.

Les tôles d'acier se distinguent des barres par les mêmes caractères que les tôles de fer. Il est à remarquer, en outre, que les barres d'acier ont toujours plus de deux millimètres d'épaisseur. Ainsi, par cela seul que les bandes d'acier n'auraient pas plus de deux millimètres d'épais- seur, elles devraient acquitter le droit des tôles.

Les planches ou les disques d'acier simplement découpés, soit pour lames de scies circulaires ou droites, soit pour tout autre emploi, ren- trent, pour l'application du traité, dans la classe des tôles : mais, pour qu'il en soit ainsi, ils doivent n'avoir été ni polis ni dentés, ni même seulement amincis par les bords. Autrement ils rentreraient, soit dans la catégorie des outils d'acier, soit dans celle des fournitures d'hor- logerie.

Le droit de 30 francs est applicable au bandes d'acier ayant un demi- millimètre d'épaisseur ou moins, quelle que soit leur largeur. Ce ré- gime doit s'étendre : 1° à toutes les bandes d'acier, droites ou enroulées, blanches ou brunies, bleuies ou polies, destinées, par exemple, soit à la confection de ressorts d'horlogerie, soit à tout autre usage, sans qu'il y ait lieu à établir aucune distinction de taxe eu égard à leur em- ploi; 2° aux feuilles de tôle d'acier taillées ou non en bandes, importées pour servir à la fabrication des plumes métalliques. Mais si ces bandes d'acier revêtent des formes particulières, sont amincies ou découpées d'une façon ou d'une autre et même trempées, elles restent dans la classe des ouvrages en acier pur non dénommés, passibles du droit de 40 francs. (Voir d'ailleurs l'article *fournitures d'horlogerie*.)

D'après le tarif général, la dénomination de tôle noire s'applique aux pièces ou feuilles d'acier ayant un centimètre ou moins d'épaisseur sur une largeur de 25 centimètres et plus, ainsi qu'à celles qui ont moins de 25 centimètres de largeur et moins d'un centimètre d'épaisseur, lorsqu'il est reconnu qu'elles ont été découpées dans des pièces plus grandes. Toutes les autres pièces de tôle noire, quelles qu'en soient la forme, la largeur et l'épaisseur, sont passibles seulement du droit de l'*acier en barres*, pourvu qu'elles soient à l'état brut. Le bénéfice de cette disposition doit profiter aux importations effectuées dans les con- ditions du traité.

112. — Fils d'acier. — Le tarif conventionnel ne fait, pour ce pro- duit, aucune distinction. Tous les fils d'acier, quels qu'en soient le dia- mètre et le mode de fabrication, acquitteront le droit de 30 francs.

Les gratte-bosses en acier qui sont taxés comme acier par le tarif général, sont rangés parmi les ouvrages en acier non dénommés.

113. — Minerai de cuivre. — Les scories cuivreuses et les minerais enrichis par le grillage ou la fusion sont assimilés au minerai cru.

114. — Cuivre battu, laminé ou filé. — Les feuilles ou planches pour doublage de navires, les barres forgées, les barres à chevilles, les rou- leaux pour tréfilerie, les feuilles à clinquant en cuivre pur resteront seuls rangés parmi les cuivres laminés ou battus. Les planches pour impression non dorées acquitteront aussi comme les cylindres le droit de 15 francs.

Les fonds de chaudières, poêlons, casseroles, bassines, etc., travaillés ou non au marteau, les plaques à verdet, les plaques pour cadrans d'horloge ou de pendule, les clous et les chevilles de cuivre pur ou allié sont des ouvrages en cuivre devenus passibles du droit de 25 fr.

La taxe sur les cuivres filés étant la même que sur les cuivres la- minés ou battus, il n'y a pas de limite de diamètre à établir.

Les cordes à instruments, polies, ou non, enroulées ou non sur bo- bines, ainsi que les fils propres à la broderie autres que dorés ou ar- gentés seront également soumis sans distinction au droit de 15 fr.

115. — Cuivre doré ou argenté. — Tous les cuivres dorés ou ar- gentés, sous quelque forme qu'ils soient présentés, en lingots, battus,

tirés, laminés, filés sur fil ou sur soie, sont uniformément taxés à 100 francs. On a compris dans cette catégorie les cordes d'instruments enroulées ou non, les feuilles, traits, lames, paillettes, clinquants et cannetille fabriqués avec du cuivre doré ou argenté, ainsi que les objets de nature analogue en compositions métalliques non spécialement taxés.

Les cylindres bruts en cuivre rouge destinés à être préparés pour la gravure et n'ayant reçu d'autre main d'œuvre que celle de masselotte, d'ébarbage et d'alésage, sont assimilés au cuivre de 1re fusion.

116. — Plomb. — Les scories de plomb de toute sorte étant admissibles en franchise d'après la convention comme les minerais argentifères ou autres, les soumissions, l'expertise ou l'analyse chimique actuellement prescrites deviennent sans objet. On s'abstiendra dès lors d'y recourir à l'égard des produits de l'espèce originaires d'Angleterre et de Belgique.

Le nouveau tarif conventionnel réduit notablement l'écart que le tarif général établit entre le droit du plomb brut à l'état pur, et celui du plomb allié d'antimoine. La proportion d'antimoine déterminée par la décision du 15 janvier 1855, pour donner ouverture au recouvrement de la taxe la plus élevée est fixée à 10 p. 0/0.

Le plomb battu acquittera, comme le plomb laminé et les ouvrages en plomb, le droit de 5 francs.

117. — Étain. — Pour que l'étain brut allié d'antimoine soit passible du droit de 5 fr. il faut, comme pour le plomb, que l'antimoine entre dans le mélange pour une proportion de 10 p. 0/0 au moins.

Les compositions métalliques d'étain où domine le cuivre suivent le régime de ce dernier produit; en d'autres termes, elles sont reçues en franchise ou assujetties au droit de 15 francs, selon qu'on les importe brutes ou laminées.

118. — Bismuth. — Le tarif conventionnel désigne exclusivement le bismuth brut comme exempt de toute taxe à l'entrée. S'il était introduit dans tout autre état, par exemple, battu ou laminé, il resterait soumis aux conditions ordinaires du tarif général.

119. — Zinc. — Il n'y a pas à distinguer entre la pierre calaminaire (minerai de zinc) et la calamine grillée. Les minerais de zinc de toute espèce, grillés ou crus, seront admis en franchise.

Les clous de zinc pour doublage, rangés dans la classe des zincs laminés, prendront place parmi les ouvrages en zinc passibles du droit de 10 fr.

120. — Minerai de nickel et speiss. — Le speiss est un minerai de nickel ou de cobalt enrichi par un grillage ou une fusion préalable.

Ouvrages en métaux.

121. — Ouvrages en fonte moulée. — Les ouvrages en métaux se divisent en trois catégories : 1° les ouvrages non tournés ni polis; 2° les ouvrages polis ou tournés; 3° les ouvrages étamés, émaillés ou vernissés. La première catégorie comprend elle-même trois classes, dont les distinctions sont faciles à saisir. Seulement le service ne perdra pas de vue que le droit minimum de 3 fr. 50 cent. est réservé exclusivement pour les pièces coulées à découvert et pour les coussinets de chemins de fer. Tous les ouvrages coulés en moule fermé, les coussinets exceptés, appartiennent à l'une des classes taxées à 4 fr. 25 cent. 5 fr., 9 fr. ou 12 fr.

Sont rattachés à la 2e classe des ouvrages en fonte moulés, non tournés ni polis, les colonnes creuses, les barreaux pleins et leurs assemblages, les grilles et plaques de foyer, les arbres de transmission, bâtis de machines et autres objets sans ornements ni ajustages.

Les pots de sucrerie, les chaudières à sucre et les poêles en fonte suivent le régime de la poterie en fonte, passible du droit de 5 fr.

Les poids et mesures en métal du système métrique sont admissibles au droit des ouvrages en métaux sous la réserve qu'avant d'être mis en circulation dans le commerce ou en cours d'usage, ils seront soumis par les détenteurs aux conditions et à l'accomplissement des formalités applicables aux instruments de l'espèce fabriqués en France.

Les poids en cuivre suivront le régime des ouvrages en cuivre.

122. — Ouvrages en fer : ferronnerie et serrurerie. — Les ouvrages en fer comprennent d'abord la ferronnerie et la serrurerie.

Les gonds, pentures et autres gros ferrements de portes et croisées ne peuvent être admis au droit de 9 fr. qu'autant qu'il ne sont ni tournés ni polis. S'ils ont reçu ce complément de main-d'œuvre, ils se classent au nombre des objets de serrurerie imposés à 15 fr.

Une observation analogue est à faire au sujet des grilles, lits, siéges et autres meubles en fer. Pour qu'ils appartiennent à la catégorie des articles taxés à 9 fr. quand ils sont ornés en fonte, en cuivre ou en acier, il faut que ces ornements ne soient réellement qu'un accessoire de l'objet principal; s'ils ont assez d'importance pour constituer une partie notable du produit en poids ou en volume, l'objet entier devient passible du droit de 17 fr. ou de 20 fr., suivant la distinction indiquée à l'article des ouvrages en fer ou en tôle non dénommés.

Les grilles en fer creux sont traitées comme tubes.

Les essieux, ressorts et bandages de roues ne sont pas compris da[ns] la nomenclature de la ferronnerie. Ils figurent parmi les pièces dét[a]chées de machines.

Les articles désignés sous l'appellation générale de serrurerie deme[u]rent tarifés à 15 fr. alors même qu'ils sont vernis ou peints. Ceux [de] ces objets, tels que les cadenas, qui sont rangés par le tarif général da[ns] la classe de la mercerie, cessent d'y figurer pour l'application du trait[é].

123. — Clous. — Les clous forgés à la mécanique se distinguent d[es] clous forgés à la main par la régularité de leur forme, par la vivaci[té] de leurs arêtes, par une bavure presque toujours visible au-dessous [de] la tête, par la teinte bronzée ou le brillant; enfin, par l'aspect génér[al] que ce mode de fabrication laisse ordinairement au métal.

Les clous en fer pour cordonnier ou sellier, classés par le tarif g[é]néral dans la mercerie, suivront, pour l'application du tarif conve[n]tionnel, le régime des autres clous, selon leur mode de fabrication.

124. Tubes. — Le mode de fabrication est l'un des éléments de la t[a]rification des tubes en fer. Pour juger s'ils ont été soudés à recouvr[e]ments sur mandrin ou par simple rapprochement; il suffit d'en ex[a]miner la surface intérieure. Dans le premier cas, elle est beaucoup pl[us] unie que lorsqu'on n'a pas fait usage du mandrin.

Voir la circulaire 752 du 3 mai 1861 le moyen pratique de saisir [et] de reconnaître facilement les principaux caractères qui séparent l[es] deux classes de tuyaux.

Les tubes en acier suivent le régime des pièces détachées de machine[s] tarifées, selon leur poids, à 30 ou 40 fr. Le service s'assurera qu'il n'e[n] est pas présenté sous la dénomination de tubes en fer.

Il y a lieu de considérer comme faisant partie des tubes soudés pa[r] simple rapprochement et par suite de soumettre, à la taxe de 13 fr les manchons droits confectionnés mécaniquement par étirage, et ayan[t] un diamètre intérieur de 9 millimètres, en même temps que les tube[s] auxquels ils doivent s'adapter et que leur nombre n'excède pas celui de[s] tubes plus un. Les mêmes manchons introduits séparément devraient au contraire, comme les autres pièces destinées à l'installation des tube[s] tels que les coudes arrondis ou en équerre, les tubulures à trois ouvertures, les pièces de jonction droites de longueur variable, etc., suivr[e] le régime des raccords de toute espèce.

125. — Articles de ménage et autres ouvrages non dénommés. — Sous le titre d'articles de ménage et autres ouvrages non dénommés o[n] a entendu comprendre indistinctement tous les objets en fer, en tôle o[u] en fer-blanc, quelles que soient leur forme, leur affectation ou leur valeur, qui ne trouvent pas place dans les divisions précédentes, à l'exception des machines et mécaniques et des toiles métalliques nommément tarifées.

Les produits en fer, tôle ou fer-blanc, classés aujourd'hui dans la mercerie par le tarif général, rentrent pour l'application du traité dan[s] cette dénomination d'*articles de ménage et autres ouvrages non dénommés*; ce sont notamment les anneaux, boucles, briquets, broches à tricoter, cages d'oiseaux, chandeliers, couvercles de pipe, cribles cuillers, dés à coudre et à jouer, et dés de voilier, éperons limés, noircis étamés ou polis, étriers limés, noircis, étamés ou polis, flambeaux, grelots, guimbardes, lanternes à la douzaine, mouchettes, moules à balle, autres que de calibre de guerre, moules ou formes de boutons vernis ou non, moulins à café et à poivre montés, navettes à filocher, passe-lacets, pinces à casser le sucre, pinces à ongles, roulettes à déchiqueter la pâte, tire-bottes, tire-bouchons, mèches de tire-bouchons, tire-bourres, tire-boutons, tire-lignes, briquets polis ou damasquinés, patins et tous articles en fer que le répertoire du tarif officiel désigne comme rentrant dans la classe de *la mercerie*.

126. — Petits objets en acier. — Il s'agit surtout ici des objets de fantaisie et d'ornement que la mode invente et transforme chaque jour. Ce sont, outre les perles d'acier, les coulants, broches pour toilette de femme, les dés à coudre, *les épingles à grosse tête en acier*, les garnitures ou accessoires pour ceintures, bourses, portefeuilles, coffrets, etc. Importés séparément, tous ses objets seront passibles du droit de 25 fr., mais appliqués à d'autres produits fabriqués, par exemple, à des ouvrages en cuir, en bois, en os, en nacre ou en ivoire, et s'ils n'en sont que l'accessoire, ils suivront le régime de ces ouvrages.

127. — Articles de ménage et autres ouvrages en acier pur non dénommés. — Cette classe comprend les pelles et pinces à feu en acier, les garde-cendres fabriqués avec ce métal, les cylindres et coins ou planches en acier ou rechargés d'acier gravés ou non, les produits suivants appartenant, d'après le tarif général, à la mercerie: guimbardes, briquets, clous de cordonnier en acier, éperons, étriers, passe-lacets, tire-bouchons, patins et, en un mot, tous les ouvrages en pur acier qui n'ont pas été désignés, soit dans les classes précédentes, soit dans celles dont il reste à parler.

128. — Outils en fer. — Les principaux outils de *pur* fer sont : archets de scies à main: étrilles; fers à repasser, à gaufrer et à friser : fléaux de balance : leviers, pinces *dites* tire-fausset: sergents *et* valets de menuisier: tire-bondes: truelles, etc. Néanmoins, les progrès et les fré-

quentes transformations de l'industrie amènent incessamment des applications nouvelles des métaux. Or, comme il existe un écart marqué entre le droit des outils en fer et le droit des outils en pur acier ou en fer rechargé d'acier, le service doit apporter une grande attention dans ses vérifications, afin de se prémunir contre de fausses classifications.

129. — Outils en acier. — On soumet à une même taxe de 40 fr. les outils en pur acier de toute sorte, emmanchés ou non, sans aucune distinction. Les archets de tourneur placés aujourd'hui dans la mercerie, seront traités comme outils; les serans ou peignes à peigner le chanvre, le lin, etc. acquitteront comme pièces détachées de machines le droit de 50 fr.

130. — Outils de fer rechargé d'acier. — Les principaux outils que l'on fabrique ordinairement en fer rechargé d'acier sont : besaiguës; boutoirs de maréchal-ferrant; cisailles; ciseaux froids, à tailler, etc., *autres que ceux de pur acier*; cognées; coins à fendre le bois : compas de charpentier et de menuisier; couteaux de courroyeur, de tanneur, de tonnelier *et* couteaux à pied pour sellier; emporte-pièces; enclumes; étaux à pied, à main *et* à agrafes ; fers à rabot ; filières à coussinet et à bis de bois, avec leurs taraux; forces à tondre les draps; gouges, *autres que celles de pur acier;* gratte-navires; haches; hachoirs de boucher; jabloires; lardoires; marteaux, *autres que ceux repris aux outils de pur acier;* mèches à tarière *ou* à vilebrequin, de plus de 24 centimètres de longueur, *soie comprise;* rouannes; truelles, etc.

Mais parmi les outils compris dans cette énumération il en est que l'on fabrique aussi parfois en pur acier. Le service devra donc, sans égard à leur destination, en examiner avec soin la nature. (Voir pour les chalumeaux, fléaux de balance, lardoires, truelles et autres outils en cuivre ou en laiton, l'article *Ouvrages en cuivre*).

131. — Objets en fonte de fer. — Le tarif annexé à la convention distingue les ouvrages non polis des ouvrages polis, émaillés et vernissés; et subdivise les premiers en deux classes d'après la proportion de fer comprise dans la composition de la pièce. Les ouvrages en fonte et fer polis, émaillés ou vernissés seront tous soumis au droit de 15 fr. Ceux dont le métal n'aura été ni poli, ni émaillé, ni vernissé payeront seuls 5 ou 10 fr., selon que le poids de l'un des métaux dont ils seront composés sera inférieur ou égal et supérieur à la moitié du poids total.

La pesanteur spécifique des métaux étant à peu près la même, la simple inspection des objets suffira le plus souvent pour mettre en mesure de juger quel est celui des deux qui domine. Dans le cas ou l'importateur n'accepterait pas, sous ce rapport, les appréciations de la douane, il aurait toujours la faculté de recourir à l'expertise légale, ou de faire séparer la fonte du fer, si l'opération était praticable.

132. — Ouvrages en zinc de toute espèce. — Tous les ouvrages en zinc, quelle qu'en soit la nature, pourvu que le zinc dont ils sont formés ne soit allié d'aucun autre métal, sont soumis uniformément à une seule et même taxe

133. — Ouvrages en plomb de toute nature. — Le droit déterminé pour les ouvrages en plomb de fabrication britannique, de toute sorte, s'étend au plomb de chasse et aux balles qui ne sont pas du calibre de guerre.

Les alliages de plomb et d'antimoine ne servent guère dans l'industrie qu'à la fabrication des caractères d'imprimerie. Sous cette forme ils sont taxés spécialement. S'il en était importé en objets de toute autre espèce on les assujettirait seulement au droit des ouvrages en plomb.

Sont retirés du tarif général de la mercerie pour passer dans la classe du tarif conventionnel comprenant les ouvrages en plomb : les bagues, cuillers, peignes, pompes de pipe même celles vernies et dorées, tabatières même peintes et vernies et tous les autres ouvrages en plomb ainsi dénommés par le répertoire général du tarif officiel.

134. — Ouvrages en étain. — Il n'est établi, par le nouveau tarif conventionnel, aucune distinction entre les ouvrages en étain fins ou communs, les objets de poterie ou autres.

Les alliages dont l'étain forme la base principale sont soumis au même droit que les ouvrages d'étain. Le plus répandu dans le commerce est généralement désigné sous le nom de métal anglais.

Le métal dit *anglais* servant aux poteries d'étain *fines*, est composé d'au moins 80 parties d'étain et de 20 parties d'une composition variable d'antimoine, bismuth, etc. Il est facile de le distinguer de l'argentan, qui est composé, en majeure partie, de cuivre, de nickel, de zinc et de quelques autres métaux. A la vue, on remarque entre eux une différence de couleur. En frottant les objets en argentan avec le doigt, l'odeur particulière et bien connue du cuivre se fait sentir. Le son de ce métal est bien plus clair que celui de l'étain. Il est plus difficile à ployer et bien plus cassant. On peut avec un couteau enlever facilement de petits morceaux sur les objets d'étain, tandis que ceux en argentan sont très-durs et difficiles à entamer. Enfin, en mouillant les objets en argentan avec du vinaigre et en les laissant quelques heures exposés à l'air, ils se couvrent de vert-de-gris, ce qui n'arrive pas à ceux d'étain.

Désormais il n'est plus à craindre, dans les conditions du traité, qu'on déclare comme ouvrages en étain des objets où le cuivre domine, puisque ceux-ci sont moins fortement taxés; mais, on devra veiller à ce que des pièces en argenterie ne pénètrent pas sous la désignation de pièces en étain.

Les petits objets en étain désignés ci-après : cassolettes, fourchettes, dés à coudre, avec ou sans ornements en émail et tous les articles que le Répertoire général du tarif officiel désigne comme rentrant dans la classe des ouvrages en étain non dénommés, et qui, d'après le tarif général, appartiennent à la mercerie suivront à l'importation, dans les conditions du traité, le régime des ouvrages en étain.

135. — Ouvrages en nickel ou argentan. — Le nickel ne s'emploie pas à l'état pur. Il contribue dans des proportions qui varient beaucoup à former, avec le cuivre et le zinc, des alliages désignés dans le commerce, par les noms d'argentan, melchior, maillechort, argent blanc, argent d'Allemagne, etc. L'argentan de belle qualité contient de 35 à 40 parties de nickel. La note ci-dessus signale le moyen de le distinguer de l'étain. Tous les ouvrages à base de nickel, quelles que soient les proportions du mélange, acquittent le même droit.

136. — Ouvrages en cuivre. — Tous les ouvrages en cuivre pur ou simplement allié de zinc ou d'étain autres que ceux qui ont été désignés dans les précédentes notes ou qui se trouvent classés parmi les machines et mécaniques, sont taxés à 25 fr.

Cette disposition s'applique notamment aux chalumeaux, fléaux de balance, lardoires, truelles et autres outils en cuivre ou en laiton, désignés comme outils dans le Tarif général. Les ouvrages brunis, vernis ou bronzés ne sont l'objet d'aucune différence de régime à raison de ce complément de main-d'œuvre. Les articles en cuivre désignés ci-après qui, aujourd'hui et d'après le tarif général, appartiennent à la mercerie seront pareillement soumis uniformément au droit de 25 fr., savoir : boucles, briquets polis ou damasquinés, broches à tricoter, cages d'oiseaux, couvercles de pipes, cuillers, fourchettes, grelots, montres solaires pour bergers, mouchettes, moulins à café et à poivre montés, navettes à filocher, passe-lacets, porte-crayons à la grosse, roulettes à déchiqueter la pâte, cadenas, tire-bourres, poires à poudre en cuivre bronzé, tabatières en laiton, peintes, à deux couvercles et à miroir, clous de sellier, porte-cigares (petits objets pour fumer les cigares) en cuivre blanchi ou non, avec ou sans griffes, ornements en cuivre estampé appliqué sur carton destinés, soit à l'encadrement, soit à la confection des porte-monnaie, et tous les objets que le répertoire général du tarif officiel désigne comme rentrant dans la classe des ouvrages en cuivre non dénommés.

Les broches en cuivre autres qu'à tricoter rentrent dans la classe des pièces détachées de machines, et acquitteront également, à ce titre, le droit de 25 fr.

Les lampes à éclairage de tout système seront traitées suivant la nature de la matière (métal, porcelaine, etc.) dont leur cage est formée : celles qui sont montées en cuivre ou en cuivre allié de zinc ou d'étain seront, dès lors, imposées à 25 fr.

L'industrie offre à la consommation, notamment dans les fournitures de chasse, un assez grand nombre d'objets en os, en bois, en cuir, complétés ou ornés par des accessoires en cuivre. Tant qu'il ne s'agira réellement que d'accessoires, chacun de ses objets demeurera dans la classe à laquelle le rattache sa composition principale.

Les objets d'art en bronze de fabrication antérieure au XVIIIe siècle, les médailles anciennes, les médailles modernes, les vieilles monnaies hors de cours, les jetons de présence ou de plaisir, présentés en petit nombre, restent classés dans les objets de collection et affranchis de droits. Si les médailles modernes, les vieilles monnaies ou les jetons sont déclarés en assez grande quantité pour être considérés comme étant l'objet d'une spéculation commerciale, ils deviennent passibles de la taxe de 25 fr.

137. — Ancres et chaines. — Toutes les ancres, quels que soient leurs poids et leurs dimensions, sont imposées par le tarif conventionnel au droit unique et uniforme de 10 fr.

Les câbles en fil de fer acquitteront comme ouvrages en fer non dénommés, le droit de 17 fr.

138. — Aiguilles. — Il n'existe pour les aiguilles importées dans les conditions du Traité, que deux classes au lieu de trois; et le droit de 100 fr. ou de 200 fr. pour 100 kilog. auquel elles sont taxées, selon l'espèce, s'applique exclusivement aux aiguilles *à coudre* ordinaires. Les aiguilles *autres que celles à coudre*, les grosses aiguilles de matelassier, voilier, et les aiguilles sans tête ou à têtes cassées, et les broches à tricoter sont toutes taxées comme outils en acier. (Voir, pour les aiguilles et broches à tricoter en fer, l'article ouvrages en fer non dénommés).

Épingles. — Qu'elles soient en fer, en acier, en cuivre ou laiton, qu'elles soient ou non étamées, peintes ou vernies, les épingles acquitteront le droit de 50 fr. par 100 kilog. Elles cesseront ainsi, pour l'application du traité, d'être rangées dans la classe de la mercerie.

Les épingles à grosse tête en acier devront être traitées comme les petits objets en acier, passibles seulement du droit de 25 fr. par 100 kil.

Il demeure, en outre, entendu que les épingles en or, en argent ou en métaux dorés ou argentés, restent soumises aux droits applicables à la bijouterie vraie ou fausse.

139. — Toiles métalliques en fer ou en acier. — Il n'est pas fait de distinction pour les toiles vernissées ou peintes : elles acquitteront, par conséquent, toutes indistinctement, le droit de 15 fr. Adaptées à des tamis, elles ne changent pas de régime : mais, si elles font partie de formes à fabriquer le papier, le tout est soumis au régime des pièces détachées de machines non dénommées.

Toiles en fils de cuivre. — (Voir l'observation mentionnée ci-dessus, à l'article des *toiles métalliques en fer ou en acier*).

140. — Plumes métalliques. — Les plumes métalliques en or ou en argent rentrent dans la bijouterie. Le droit de 100 fr. s'étend aux plumes en métal de toute autre sorte, avec ou sans porte-plumes.

141. — Hameçons. — Il n'y a pas de distinction à faire entre les hameçons en fer et les hameçons en acier, ni à tenir compte de leur dimensions.

142. — Ouvrages en plaqué. — Les plaqués sont des ouvrages en métaux communs recouverts, par le laminage, d'une feuille de métal précieux, habituellement d'argent. Cette feuille, qui représente parfois jusqu'au dixième de l'épaisseur totale du métal, descend dans les qualités communes jusqu'au 150e. Mais le droit est uniforme, sans égard soit à la nature du métal recouvert par l'argent soit au titre ou à l'épaisseur de la feuille de métal fin. Les boutons en plaqué, exceptionnellement affranchis de la prohibition, et admis d'après le tarif général au droit de 240 fr., rentrent dans cette nouvelle catégorie.

Aux termes de la loi du 19 brumaire, an VI, les ouvrages d'orfèvrerie ou de bijouterie fausse, les objets dorés ou argentés, plaqués ou doublés d'or ou d'argent, doivent être revêtus de l'empreinte du poinçon du fabricant. Ce poinçon, dont la forme a été prescrite par un arrêté de la Commission des monnaies, en date du 17 nivôse an VI, rendu en exécution de l'article 14 de la loi précitée, est un *carré parfait*, renfermant soit les initiales du fabricant, soit le signe ou symbole adopté par lui pour marque particulière. Il est apposé sans intervention du service de la garantie. Seulement, les employés des contributions indirectes veillent, dans leurs exercices, à ce que les prescriptions des lois et règlements soient observées, et particulièrement à ce que les marques empreintes sur les ouvrages soient de *forme carrée* exclusivement, et non d'une autre forme, en losange, etc. Les produits similaires anglais et belges destinés à la consommation doivent être, comme les produits français, revêtus du même poinçon de maître, afin d'éviter, d'une part, qu'ils ne soient confondus avec la bijouterie, ou l'orfèvrerie en métaux précieux; d'autre part, qu'ils ne soient saisis à l'intérieur.

Ouvrages en métaux dorés ou argentés. — La recommandation qui précède s'applique aux ouvrages en métaux dorés ou argentés, que la loi soumet aussi à la marque carrée, apposée par le fabricant.

Les ouvrages dorés ou argentés par d'autres procédés que le placage ont la surface moins unie, moins régulière et moins brillante que les ouvrages en plaqué. Dans tous les cas, le droit étant le même, l'application du tarif ne saurait faire naître des difficultés.

143. — Orfèvrerie et bijouterie. — L'abaissement de la quotité du droit a permis, dans le règlement du nouveau tarif conventionnel, de supprimer toute distinction entre la bijouterie et l'orfèvrerie d'or, d'argent, de vermeil, de platine, d'aluminium et d'autres métaux précieux ou communs. Le régime d'une partie des objets repris d'ordinaire sous l'appellation générale *d'orfèvrerie fausse* a été indiqué par les articles (ouvrages en plaqué, argentés ou dorés, etc.). Quant aux autres objets compris en outre dans la même dénomination d'orfèvrerie fausse, et aux ouvrages de *bijouterie fausse*, ils acquitteront le même droit que la *bijouterie fine*.

Indépendamment des taxes de douane, les articles d'orfèvrerie et de bijouterie seront soumis au régime de contrôle établi pour les articles similaires de fabrication nationale, et payeront, sur la même base que ceux-ci, les droits de marque et de garantie.

De même, pour ce qui concerne la marque de fabrication dont l'orfèvrerie et la bijouterie fausse doivent être revêtues, je me réfère aux explications mentionnées ci-dessus à l'article des ouvrages en plaqué.

144. — Coutellerie de toute espèce. — Sont rangés dans la coutellerie, les couteaux sans exception, des couteaux de chasse et de boucher, les ciseaux, rasoirs, canifs, grattoirs, poinçons à papier, limes à ongles, etc., les fourchettes en fer ou en acier, emmanchées ou non, même les fourchettes d'un travail grossier que le tarif général place dans la mercerie. Mais les couperets ou hachoirs de boucher, les tranchets ou couteaux de cordonnier, de mégissier, de corroyeur et de tonnelier, ainsi que les couteaux à pied pour sellier et tous les gros instruments tranchants fabriqués dans les ateliers de taillanderie et qui sont emmanchés sans luxe aucun, doivent être rangés parmi les outils en acier ou en fer rechargé d'acier, suivant leur nature.

Les couteaux à lames ou à manches d'or, d'argent ou de vermeil sont classés dans l'orfèvrerie. Toutefois, la douane pourra, sur la demande des importateurs, évaluer séparément les lames et les manches pour appliquer aux uns et aux autres le régime particulier qui leur serait propre si on les introduisait isolément. Les médaillons d'or, d'argent ou de vermeil, les viroles et plaques en mêmes métaux, dont on orne souvent les manches en os, en ébène, en ivoire ou en nacre, ne suffisent pas pour faire ranger ces manches dans l'orfèvrerie.

145. — Horlogerie. — Tous les articles désignés sous cette appellation acquitteront le droit uniforme de 5 p. 0/0 de la valeur. Il n'y aura pas de distinction à faire pour les cages de pendules. On s'abstiendra également d'en établir à l'égard des boîtes à carillons, à moins que, par leur matière et par le fini de leur travail, le carillon ne doive être considéré comme l'accessoire. Dans ce cas, le tout devra être traité, suivant qu'il y aura lieu, comme orfèvrerie ou bijouterie ou comme tabletterie. Les grands chronomètres, désignés sous le nom de montres marines, restent classés parmi les instruments de précision. Aucune modification n'est apportée aux règlements en vigueur pour l'application du droit de garantie.

146. — Fournitures d'horlogerie. — On considère comme telles toutes les pièces nécessaires à la composition des ressorts, pendules et autres ouvrages d'horlogerie, lesquelles se vendent séparément à la grosse; ce qui comprend les ressorts, chaînes de fusées, roues de rencontre et d'échappement, spiraux, pignons, cadrans bruts ou achevés, aiguilles et clefs en métaux communs, canons de clefs, etc.

Les cadrans, aiguilles et clefs de montre en or ou en argent doivent être traités comme *bijouterie;* mais on est autorisé à défalquer du poids des clefs le poids des canons et autres accessoires, lorsqu'ils sont en toute autre matière que l'or ou l'argent. Ces accessoires, dont le poids particulier peut être aisément reconnu par épreuves, sont soumis au droit des fournitures d'horlogerie.

Les outils d'horlogers ne sauraient être rangés parmi les fournitures d'horlogerie : ils suivent le régime général des outils.

On y comprend aussi les ressorts d'acier trempés, recuits, polis ou bleuis, en un mot entièrement finis et prêts à être mis en place dans une pendule, une montre ou autre pièce d'horlogerie.

147. — Carrosserie. — Les voitures de toute sorte, suspendues ou non, y compris les voitures de chemin de fer, d'agriculture et de roulage, les wagons de terrassement, les chariots, tombereaux, les vélocipèdes, sont taxés à 10 pour 0/0 de la valeur sous la dénomination générale de carrosserie. A l'exception des articles en métaux, tels qu'essieux, ressorts et bandages de roues, et des pièces de charronnage spécialement dénommés aux tarifs conventionnels, les parties de voitures, de wagons ou de charrettes importées séparément, y compris les roues et les centres de roues en fonte ou fer, suivront le régime de la carrosserie.

Les voitures d'enfant, de nature à ne pouvoir être traînées qu'à bras rentrent dans la classe de la bimbeloterie.

148. — Tabletterie et ouvrages en ivoire. — Les principaux articles qui devront acquitter, comme tabletterie, le droit de 10 p. 0/0 de la valeur sont : tous les petits ouvrages ou meubles de main en écaille, ivoire ou nacre, ainsi que ceux en corne, os, bois fins, noix de coco, etc., avec ou sans incrustations, les crosses de parapluies et de parasols, les manches de couteaux, de brosses et de fouets, en ivoire, nacre, corne, bois fins, etc., les queues de billard, les touches de piano et les trictracs sans pied, suivent le régime de la tabletterie.

Ce régime est également applicable aux cannes montées, excepté toutefois aux cannes en jonc garnies de pommeaux d'or ou d'argent. Ces dernières peuvent être admises au droit imposé sur les joncs, suivant l'espèce; mais les garnitures doivent acquitter séparément la taxe afférente à la bijouterie, et elles sont en outre passibles du droit de garantie.

La même classification comprend les peignes d'écaille et d'ivoire, les billes de billard et autres ouvrages en ivoire, en écaille ou en nacre, notamment les jouets d'enfants. Il y aura lieu de distraire également de la classe de la mercerie, pour les ranger dans la tabletterie à laquelle ils appartiennent en réalité, savoir : les brosses à dents à manches d'os, cornets à jouer en corne, cuillers en os en corne, dés à coudre ou à jouer en os, écritoires en corne ou en os, étoiles à dévider en os, étuis en os, éventails avec montures en bois, corne, ivoire ou os, fiches à jouer en os, fourchettes en corne, jetons en os, manches d'outils en os, moules ou formes de boutons en os, ouvrages en bois (petits meubles de main et objets analogues, ouvrages de Spa, boîtes ou autres objets en bois blanc avec ou sans ornements ni peintures, recouverts ou non de paille de couleur, ouvrages de bois blanc verni ou en laque de Chine, tels que boîtes à thé, à jeu, à tabac avec peintures en or, etc., ouvrages en figuier vernissés, passe-lacets en corne, ou en os, peignes en bois ou en corne, poires à poudre en bois ou en corne, porte-cigares (petits objets pour fumer les cigares en bois, corne ou os avec ou sans griffes, porte-mines ou porte-crayons et porte-plumes en bois fins ou os, en écaille ou en nacre, sifflets en bois ou en os, tabatières en bois, tabatières dites d'Écosse vernissées et revêtues de dessins, tranche-papier en bois ou en os, et tous les ouvrages que le répertoire du tarif général range dans la classe de la tabletterie.

Bimbeloterie. — La bimbeloterie se compose d'une foule de petits objets en matières diverses, uniquement propres à servir de jouets aux enfants, et dont les types appartiennent à des arts variés.

Si des objets de l'espèce étaient en or ou en argent, ou si ces métaux figuraient autrement que comme de simples accessoires, il y aurait lieu de les traiter comme *Orfévrerie* ou comme *Bijouterie*, selon le cas.

Les jouets en écaille, en buis, en ivoire ou en nacre font partie de la *Tabletterie*, et ceux en bois autres que buis, rentrent dans la *Bimbeloterie*. Ceux en grès fin, porcelaine ou autres poteries sont compris parmi les *Poteries*.

Les assortiments de couleurs communes, en tablettes et en boîtes, suivent le régime des couleurs non dénommées.

On traite aussi comme *Bimbeloterie* les petites voitures ou calèches destinées à conduire des enfants, même lorsqu'elles sont suspendues ; mais il faut qu'elles soient de nature à ne pouvoir être traînées qu'à bras.

Il y a lieu de traiter les poupées à tête en porcelaine comme bimbeloterie, et de ranger également dans cette classe tous les jouets confectionnés en partie, soit avec de la porcelaine, soit avec du grès fin ou d'autres poteries. Le droit des poteries, selon l'espèce, restera aussi exclusivement réservé aux jouets entièrement en grès fin, porcelaine, etc.

Voir, pour les conditions de l'admission des fusils et sabres d'enfants au droit de la bimbeloterie, la *note* (59) relative aux *Armes*.

149. — **Peaux préparées.** — Les deux divisions qui forment cette catégorie comprennent les peaux préparées de toute espèce.

Dans la première division sont rangées les peaux vernies, teintes ou maroquinées. La seconde embrasse les peaux préparées de toute autre façon; il importe toutefois de faire remarquer que les peaux d'agneau et de chevreau en poils, en confit et mégies et le vélin et le parchemin *bruts*, qui d'après le tarif général, sont soumis à des droits moindres que ceux résultant des traités franco-anglais et franco-belges, continueront à suivre le régime qui leur est applicable aujourd'hui.

Les peaux dont on a fait simplement tomber le poil en les passant dans un bain de chaux demeurent dans la classe des peaux brutes.

150. — **Ouvrages en peau ou en cuir.** — Indépendamment de la sellerie fine ou grossière, de la ganterie, des outres vides, des chaussures pour hommes ou pour femmes, fourrées ou non, recouvertes ou non en étoffe, les ouvrages en peau ou en cuir embrassent les nombreux produits énumérés ci-après: 1° les bottes, souliers, brodequins et autres ouvrages de cordonnerie, sans distinguer entre ceux à l'usage des hommes ou des femmes; 2° les gants, bas, culottes, gilets, chapeaux et autres effets d'habillement, sauf ceux en peaux garnies de fourrure, lesquels font partie des pelleteries ouvrées: 3° les objets d'équipement militaire, comme buffleteries, gibernes, baudriers, ceinturons, havre-sacs, etc.; 4° les malles, valises, porte-manteaux, nécessaires et boîtes à chapeau ou autres, fabriqués en cuir; 5° les objets en cuir bouilli qui servent à divers usages domestiques; ainsi que les articles de gainerie, les chapeaux et tabatières en cuir bouilli, shakos garnis en cuir, etc., etc., en général, tous les objets en cuir ou en peau qui, d'après le tarif général, appartiennent à la mercerie, savoir : les bougettes, bourses, bouteilles, étuis pour instruments de musique, étuis à cigares ou porte-cigares, cornets à jouer, étuis de gainerie, fouets en cuir ou en peau, gourdes, poires à poudre ou à plomb, portefeuilles de toute sorte avec ou sans serrures, porte-monnaie avec ou sans garnitures, sacoches, soufflets de mains, tuyaux de pipes en cuir et tous les objets que le répertoire général du tarif place dans la classe des ouvrages en peau ou en cuir non-dénommés.

On range dans la sellerie tous les objets qui se rattachent directement à l'industrie du sellier: cependant, les étriers, éperons, boucles et autres objets formés exclusivement de métal suivront le régime des autres ouvrages en fer, en acier ou en cuivre. Il doit être entendu, néanmoins, que les ornements en métal dont se trouvent souvent revêtus les harnais, les fontes de pistolets, les fouets, cravaches, etc., sont de simples accessoires dont il ne doit pas être tenu compte pour déterminer le classement.

151. — **Ouvrages en caoutchouc purs ou mélangés.** — Est supprimée la distinction établie d'après le tarif général entre les ouvrages en caoutchouc pur, d'une part, et, de l'autre les ouvrages en caoutchouc mélangé, c'est-à-dire ceux dans lesquels, lors de la refonte, on introduit des matières étrangères, cendres, sciure de bois, albâtre pilé, soufre, etc., soit pour les colorer, soit pour leur donner plus de solidité ou les vulcaniser. Il a été reconnu, en effet, que le mélange des matières étrangères n'ajoute en rien à la valeur spécifique du caoutchouc et le plus souvent même la diminue, les matières étrangères étant d'un prix inférieur et venant en accroissement de poids.

Les ouvrages en caoutchouc simplement refondus, purs ou mélangés, se composent principalement de fils, feuilles, soupapes, tuyaux, bandes pour transmission, plaques pour fournitures de bureau, ballons, etc., etc.

152. — **Caoutchouc appliqué et caoutchouc en tissus élastiques.** — Il n'est, par les traités franco-anglais et franco-belge, conservé qu'un petit nombre de catégories bien définies pour les ouvrages en caoutchouc combiné. Elles se composent : 1° des tissus de toute sorte ou autres matières, recouverts d'une couche de caoutchouc; le droit de 100 fr. leur est applicable. 2° Puis viennent les vêtements confectionnés, qui peuvent être rattachés, comme les produits de la première catégorie, à la classe des tissus *imperméables*; il sont assujettis au droit de 120 fr.; le supplément de taxe de 20 fr. représente la main d'œuvre de confection. 3° Enfin, dans une troisième catégorie sont rangés les ouvrages en tissus *élastiques* (pièces de toutes dimensions) : ce sont des tissus résultant de la combinaison de fils de caoutchouc entourés de coton ou de soie, ou de soie et coton, employés comme chaîne, avec des fils de coton, de soie, d'alpaga, employés comme trame; en général, ces tissus ne se fabriquent qu'en bandes mesurant au plus 18 centimètres de largeur; ils ont la propriété d'être élastiques, grâce à la nature du caoutchouc et au mode de fabrication: on en fait des bretelles, des jarretières, des ceintures, des bracelets, des bandes pour cordonnerie, etc. La présence de boucles, d'accessoires en cuir, etc., ne saurait avoir pour résultat de modifier le régime de ces ouvrages, qui demeurent soumis au droit de 200 fr. les 100 kilogr.

153. — **Chaussures.** — Les chaussures en caoutchouc sont taxées, à part, au droit de 60 fr. les 100 kilogr.

On ne perdra pas de vue la disposition d'après laquelle les plaques et rubans de cardes sur caoutchouc et les plaques et rubans de caoutchouc sont soumis, d'après les traités, savoir: les uns au droit de 60 fr., les autres au droit de 20 fr. par 100 kilogr. (Voir Machines et mécaniques, pièces détachées).

154. — **Ouvrages en bois.** — Les ouvrages en fer n'étant plus prohibés, les dispositions restrictives du tarif général ne devront pas être appliquées aux futailles cerclées en fer importées dans les conditions du traité. Ainsi on ne taxerait séparément les cercles qu'autant qu'ils seraient ou apposés sur des futailles hors d'usage, ou appliqués évidemment en trop grand nombre pour que l'on ne fût pas fondé à supposer qu'en les important ainsi on ait eu en vue d'éluder une partie des droits dont les fers feuillards sont frappés. Si, au contraire, les futailles étaient entourées de vieux cercles qu'on affirmait de briser en douane, les futailles deviendraient admissibles en franchise et les débris de cercles seraient traités comme ferraille. Le droit de 10 p. 0/0 ne s'appliquera, dans aucun cas, aux futailles démontées: en bois, elles jouiraient de l'exemption: avec cercles en fer le démontage feraient rentrer ceux-ci dans la classe des fers feuillards. On n'entend nullement limiter les facilités accordées pour l'admission temporaire des futailles étrangères et pour le retour des futailles vides exportées pleines.

La franchise concédée pour les pièces de charpente et de charronnage même entièrement façonnées ne s'étend pas à celles qui se trouvent armées de fonte et de fer. La partie en métal doit être spécialement taxée, selon sa nature, comme ferronnerie et comme serrurerie.

Façonnés ou bruts, les avirons seront reçus en exemption de droits.

Les ouvrages en bois repris au tableau général des droits et non spécialement dénommés dans le nouveau tarif seront taxés à 10 p. 0/0 de la valeur.

Il s'agit de la boissellerie des bois de fusil, autres qu'en noyer, non achevés, des sabots en bois non garnis de fourrures, des moules de boutons et des articles ci-après désignés formant dans le tarif général la classe des ouvrages non dénommés : Les arbalètes et arcs autres que ceux antiques ou de curiosité, ainsi que les assortiments de flèches; les bâtons vernissés ou non; les bois d'arçons pour selle ou bât, et les bois de colliers d'animaux; les bois préparés pour baguettes de fusils; les bois de fusils et de pistolets autres que de guerre, sauf les bois de fusils *en noyer* qui sont spécialement tarifés à la sortie: les bois ouvrés pour le pavage des rues: les bois sculptés, autres que les meubles; les boîtes ou barils à vis servant à mettre du sel; les cabinets ou cartels de pendules, qu'ils soient ou non peints, vernis ou dorés; les pièces de charpente façonnées, avec tenons, mortaises, etc.: les pièces de charronnage achevées ou ébauchées pour voitures, telles que brancards, jantes, moyeux, rais de roues, etc.: les châssis non garnis ; les cuves, cuveaux et seaux, même ceux avec cercles en fer, mais en proportion convenable: les dos et pieds de chaises: les écuelles en bois *vernies*; les embauchoirs de bottes: les formes de chapeaux et de souliers: les manches de brosses et de fouets, en bois communs: les manches d'écouvillons; les planches en bois blanc, qui sont façonnées pour instruments de musique: les pompes exclusivement composées de bois; les poulies, mêmes celles montées sur un axe en fer; les semelles en écorce de bouleau ou d'autres bois blancs, etc.

On admet également, par assimilation, au droit des ouvrages en bois non dénommés, les sciures de bois de buis, d'acajou et autres, qui entrent dans le commerce des papetiers. Les sciures de bois communs, qui ne peuvent avoir d'autre destination que le chauffage, suivent le régime du bois à brûler; ailettes en bois, avec ou sans crochets en fer pour rouets à filer à la main : le bois coupé et préparé pour tresses de chapeaux: le bois fendu pour allumettes: les boîtes grossières en bois destinées à renfermer des allumettes, les jas d'ancre importés isolément, les pièces de bois enduites d'un mastic bitumineux: les roulettes et autres ouvrages grossiers en bois, à l'exception des manches d'outils et des navettes, qui sont spécialement tarifées.

La boissellerie comprend les pelles, fourches, rateaux, fléaux et autres instruments aratoires *simples* de pur bois; les plats, écuelles *non vernies*, sébiles et cuillers en bois communs; les fuseaux et chevilles: les coffres, malles et caisses non garnis et qui, par conséquent, ne sont pas susceptibles d'être traités comme ouvrages de malleterie ou de gainerie: les boîtes en bois communs, de 4 à 7 millimètres d'épaisseur et d'un travail grossier; les chaufferettes, marchepieds, échelles et portemanteaux: les encadrements d'ardoises et autres cadres communs en bois blanc, sans ornements ni moulures; les fonds de cribles, etc.

Les barils vides, au-dessous de 10 litres de contenance, font aussi partie de la *Boissellerie*.

Les viroles en métal et autres accessoires dont quelques ouvrages sont pourvus justifieraient d'autant moins un déclassement que la tarification à la valeur permet d'atteindre l'ensemble de la fabrication.

155. — Meubles. — La taxe sur les meubles a été fixée à 10 p. 0/0 de la valeur. Les meubles en fer ne rentrent pas dans cette catégorie et sont spécialement imposés comme ouvrages en métaux. Il en est de même des meubles en fonte, en acier ou en cuivre: mais les incrustations et autres ornements en métal dont on décore certains meubles en bois n'en modifient pas le régime. Les meubles de Boule (anciens), traités par le tarif comme objets de collection, sont fort rares aujourd'hui. Les meubles modernes, *façon Boule*, doivent être soumis au droit de 10 p. 0/0.

156. — Articles d'emballage ayant déjà servi. — Aux termes des observations préliminaires du tarif général (n. 91), les emballages ayant servi, et quand d'ailleurs ils ne peuvent être employés à un autre usage, ne sont passibles d'aucune taxe supplémentaire, lorsqu'ils accompagnent la marchandise.

La nouvelle disposition du tarif conventionnel n'est que l'extension de la mesure aux emballages ayant servi et importés isolément, c'est-à-dire sans la marchandise.

Ainsi, on ne doit pas induire de ces dispositions que des récipients de valeur en cuivre, en verre, en grès, etc., qui ne se détériorent pas, des sacs vides en tissus neufs ou autres que des tissus grossiers, puissent être remis en franchise.

157. — Cartes a jouer. — Les cartes à jouer de fabrication anglaise ou belge auront à acquitter, outre le droit d'importation de 15 p. 0/0 de la valeur, décime compris, la taxe de 40 cent. plus les deux décimes par jeu, à laquelle sont assujetties, à l'intérieur, les cartes à jouer à portraits étrangers ou de fantaisie fabriqués en France sur papier libre.

158. — Mercerie. — Seront admis au droit de la mercerie tous les objets repris ci-après: sans qu'il y ait lieu de distinguer entre la mercerie commune et la mercerie fine. Divers objets ont été retirés de cette catégorie pour être classés parmi les ouvrages en métaux non dénommés, de fer, d'acier, etc., et dans la tabletterie, la brosserie, sellerie, Verrerie non dénommée, etc.:

A. — Agrafes en fil de cuivre ou de fer. — Allumettes chimiques de toute espèce. — Artifices pour divertissements. — Archets pour violon.

B. — Bretelles à élastiques. — Baguettes de fusil, en bois ou en baleine. — Balles de paume (de caoutchouc exceptées). — Boites en bois grossièrement peintes, colorées, recouvertes en papier colorié ou ferré. — Bougies phosphoriques. — Boules de mail en bois. — Bourses, sauf celles tricotées et celles en peau. — Boussoles en bois, au paquet. — Briquets phosphoriques.

C. — Cartes de visite en carton ordinaire, gravées, imprimées ou lithographiées, *sans vignettes ni dessins*. — Casse-noix et casse-noisettes en bois. — Cassolettes en bois. — Chapelets en bois, en fretilles et en graines d'abrus, de balisier ou de panacoco. — Chaufferettes en bois communs garnies de tôle. — Coffrets en bois communs avec damier, miroir et serrure grossière en cuivre. — Colliers en bois, en frétilles et en graines d'abrus, de balisier ou de panacoco. — Crucifix en bois communs avec des ornements en cuivre frappés. — Cuillers en bois, sauf celles en bois communs. — Cuirs à rasoir. — Cure-dents et cure-oreilles en bois ou plumes. — Cachets à empreintes en papier. — Carnets de papier blanc ou rayé, recouverts en peau maroquinée. — Cocardes en baleine pour chevaux. — Copal taillé ou autrement ouvragé. — Cordes de boyau pour mécaniques et pour instruments.

D. — Dominoterie (1).

E. — Écrans de main. — Écritoires en bois, écritoires de voyage à bouchon élastique, garnies en cuir ou en bois. — Étuis en bois ou en verre opaque. — Étoiles à dévider, en bois et en carton. — Éventails, autres qu'en corne, ivoire, os.

F. — Fruits rouges percés pour breloques. — Fourchettes en bois.

G. — Galoches en bois ferrées. — Garde-vues.

H. — Horloges de sable et d'eau. — Houppes à cheveu.

I. — Images en colle de poisson.

J. — Jarretières à élastiques. — Jais taillé ou autrement ouvragé.

K. — Kaléidoscopes.

L. — Lorgnettes et lorgnons montés en métal, autre que l'or ou l'argent. — Lignes de pêcheur. — Limes chimiques pour les cors. — Lorgnettes montées en cornes avec tubes de carton. — Lorgnons montés en cornes. — Lunettes à branches dites besicles, en boîte et à la douzaine.

M. Malles en bois, garnies. — Masques. — Mèches de lampes de nuit.

O. — Ouvrages en petits meubles en sel gemme, tels que flambeaux, salières, coffrets, vases, etc. — Ouvrages en coques, de calebasse ornés de peintures, tels que tasses, etc. — Ouvrages en coquillages, tels que boîtes, coffrets, paniers, fleurs, etc. — ouvrages en paille, fibres d'aloès ou autres végétaux tressés, tels qu'étuis à cigares ou autres, corbeilles à bijoux ou à parfums, et généralement tous les petits objets de fantaisie de l'espèce qui ne peuvent être considérés comme *Vannerie*.

P. — Pains à cacheter et à chanter en pâte. — Pains à cacheter en gélatine, colle-forte ou colle de poisson. — Perles fausses. — Pipes à fumer.

R. — Raquettes. — Ratières.

S. — Sabots en bois garnis de fourrures. — Sacs à tabac en vessie. — Sacs à tabac en tissu de grains de verre, doublés ou non en peau. — Succin taillé ou autrement ouvragé pour colliers, chapelets, bijoux, etc.

T. — Tablettes à écrire en carton recouvert d'un enduit en poudre d'ardoise. — Tailles de visnague. — Tamis de crin. — Tuyaux de pipe en roseau.

Les tire-balles classés dans la mercerie commune par le Tarif général sont, pour l'application des traités, rangés dans les ouvrages en métaux, suivant l'espèce.

V. — Volants.

159. — Armes de commerce. — Le droit sur les armes blanches est abaissé à 40 fr., sans distinctions, entre les lames damassées ou autres, fourbies ou non, montées ou non montées. Les poignées ou fourreaux présentés séparément suivent le régime qui leur est propre, selon la matière dont ils sont composés. Les fleurets et lames de fleurets, classés d'après le tarif général dans la mercerie, rentrent pour l'application du traité dans la classe des armes blanches.

Pour l'exécution des traités conclus avec l'Angleterre et avec la Belgique, les moules à balles, les tire-balles et les balles acquitteront les droits déterminés par les tarifs conventionnels pour les ouvrages en métaux, suivant l'espèce.

Pour les armes à feu, le droit de 240 fr. représente la taxe actuelle de 200 fr. augmentée des deux décimes.

Les armes enrichies d'or ou d'argent sont passibles à l'entrée du droit de garantie. Mais comme pour la coutellerie, on s'abstiendra d'appliquer cette disposition, s'il ne s'agit que de simples médaillons ou autres ornements évidemment de peu de prix.

Les boîtes ou nécessaires dans lesquels sont ordinairement renfermées les armes de luxe continueront à payer le droit afférent aux armes elles-mêmes.

Les fusils et sabres d'enfants demeurent assimilés à la bimbeloterie; mais on ne doit considérer comme fusils et sabres *d'enfants* que ceux qui sont reconnus ne pouvoir servir que comme jouets. Ainsi, par exemple, un petit fusil avec lequel on pourrait faire feu, bien que d'une fabrication commune, rentrerait dans la classe des armes de commerce.

Le traité laisse subsister dans leur entier les prescriptions d'ordre public relatives aux armes en général, et particulièrement aux armes secrètes et défendues, et aux armes de guerre.

Le classement des armes en armes de guerre ou de commerce rentre dans les attributions des contrôleurs spéciaux établis près les bureaux de douane.

160. — Batiments. — Les bateaux *de rivière* en bois ou en fer sont admissibles, les premiers au droit de 15 fr., les seconds au droit de 50 fr. par tonneau de jauge française.

Par *bateaux de rivière*, on entend les nacelles et autres embarcations impropres, par leur construction, à la navigation maritime, ou que l'on justifie être destinées exclusivement à la navigation intérieure. Les employés doivent refuser en conséquence de traiter comme *bateaux*

(1) On entend par *Dominoterie* : 1° les images ou autres estampes d'une exécution *grossière* et sans mérite artistique, columinées ou non, provenant de la reproduction de dessins sur pierre ou de gravures sur bois, sur étain, et même sur cuivre, et plus particulièrement les objets de l'espèce que l'on donne aux enfants et ceux dont les gens de la campagne ornent l'intérieur de leurs maisons; 2° les jeux de loto, de l'oie et autres jeux semblables, imprimés sur papier ou sur carton; 3° les dessins de meubles, de machines, de tricots, de broderies, etc., ainsi que les papiers quadrillés, en forme de canevas, qui servent pour faire de la tapisserie.

rivière toute embarcation qu'on voudrait affecter à la navigation en er ou dans la partie des fleuves soumise à la police des douanes.

Ceux en métal cessent, pour l'application du traité, de suivre le régime des machines; les embarcations de l'espèce en bois et en fer acquitteront la taxe des bateaux en bois.

Les machines ou moteurs des bateaux de rivière à vapeur sont imposés séparément d'après la taxe qui leur est propre. Comme il ne saurait être question de les déplacer pour en reconnaître le poids, on devra recourir à d'autres procédés d'évaluation. La dimension du cylindre est habituellement un étalon exact du poids des machines. La pesanteur spécifique des métaux est aussi un moyen de vérification qui peut être employé avec assez d'exactitude.

La pesanteur spécifique des métaux se calcule ainsi :

Fonte de. . . . . . . 6,800 à 7,890 kil. par mètre cube.
Fer de . . . . 7,700 à 7,890 kil. par mètre cube.
Acier de . . . . 7,830 à 7,920 kil. par mètre cube.
Cuivre de. . . . . . . 8,850 à 8,950 kil. par mètre cube.

Il ne sera fait aucune distinction pour l'application du droit d'entrée entre les bateaux neufs et ceux qui ont servi. En outre, dans la constatation de la capacité de l'embarcation d'après la jauge française, il ne sera établi pour la perception de ce droit aucune déduction pour l'espace occupé par les machines.

Le droit de 15 et de 50 fr. comprend les agrès et apparaux et les objets de bord nécessaires à la navigation de l'embarcation. Toutefois il n'est question ici que du matériel proprement dit de navigation, et les meubles et ustensiles de ménage existant sur les embarcations doivent être soumis au régime qui leur est afférent.

Les bateaux ou nacelles en acier, seraient taxés à 40 fr. les 100 kil., comme ouvrages en acier non dénommés.

Bâtiments de mer. — La prohibition générale qui frappe à l'entrée les bâtiments de mer est levée à l'égard de ceux de construction anglaise ou belge non encore immatriculés ou de ceux naviguant sous pavillon de la Grande-Bretagne ou de Belgique.

Deux catégories de droits sont établies pour les bâtiments de mer, suivant qu'ils seront présentés à l'acquittement pourvus de leur mâture et de leur gréement ou à l'état de coque seulement. La quotité des taxes pour chaque classe est, en outre, différente, selon que les bâtiments ou les coques de bâtiments sont en bois ou en fer.

La base du droit adoptée par les négociateurs est le tonneau de jauge. Le nombre de tonneaux à soumettre au droit sera constaté d'après la jauge française et il ne sera fait aucune déduction, pour les bateaux à vapeur, de l'espace occupé par les machines. On procédera donc suivant les règles tracées par les ordonnances des 18 novembre 1837 et 18 août 1839 en appliquant la taxe, dans tous les cas, sur le produit total des trois dimensions divisé par 3,80.

Comme pour les embarcations de rivière, il ne doit être fait aucune distinction pour l'application des taxes conventionnelles entre les bâtiments de mer neufs et ceux qui ont servi. D'un autre côté, l'extrême variété des quantités proportionnelles de fer employées dans les bâtiments de construction mixte n'a pas permis de les assujettir à une tarification particulière. Ils acquitteront le même droit que les navires en bois.

Le droit de 25 fr. pour les navires en bois ou mixtes, et le droit de 70 fr. pour les navires en fer gréés comprendra, outre les canots de bord, les agrès et apparaux et le mobilier nécessaire pour la navigation; mais les articles de remplacement d'une part, et, de l'autre, les meubles meublants, la literie, le linge, la vaisselle, etc. devront, s'il en était importé, subir les taxes qui leur sont propres.

Comme pour les embarcations de rivière, les machines ou moteurs des bâtiments de mer à vapeur sont imposés séparément. On ne peut que se référer, quant aux procédés à suivre pour en constater le poids, aux instructions données à l'article : *bateaux de rivière.*

Le tarif de 15 fr. et de 50 fr. par tonneau pour les coques en bois ou en fer ne profitera qu'aux coques nues ou pourvues seulement de leurs bas mâts, des porte-haubans et des chaînes ou lattes de porte-haubans.

La nationalité des bâtiments anglais ou belges devra être justifiée, suivant le cas, par un certificat de construction soumis au visa des agents consulaires de France, ou par la production de titres délivrés par l'amirauté britannique ou par le gouvernement de Belgique.

Les bâtiments anglais ou belges achetés par des Français pourront être autorisés par nos consuls à porter provisoirement le pavillon national, quand ces agents se seront assurés de la réalité de l'acquisition. A cet effet, ils délivreront aux capitaines des congés provisoires uniquement destinés à faciliter l'arrivée des bâtiments en France, et qui devront contenir la réserve expresse de l'interdiction de tout voyage intermédiaire et de toute escale volontaire ou opération de commerce pendant le trajet, fort court, qu'ils ont à parcourir d'un pays à l'autre.

Dans ces conditions, le navire et son chargement seront admis à jouir du bénéfice du traitement national, ainsi que des avantages stipulés par les traités franco-belge et franco-anglais.

161. — Objets de collection hors de commerce. — La liste des objets de collection hors de commerce embrasse :

1° Les échantillons d'objets d'histoire naturelle, les coquillages, les plantes desséchées ou herbiers, les minéraux choisis, sauf les pierres gemmes, les pétrifications, les coquilles fossiles, etc.

2° Les objets de curiosité, les antiquités égyptiennes, grecques ou romaines, etc. les vieilles armures, armes autres que de guerre et de fabrication antérieure au XVIII° siècle, d'usage en Europe, manuscrits de toute sorte, meubles de Boule anciens, à l'exclusion des imitations des meubles de l'espèce de fabrication moderne, meubles en vieux laque, chinois, etc.

3° Les objets d'art en bronze, marbre, pierre, bois, etc. comme statues, statuettes, bas-reliefs et autres sculptures, lorsque ces objets seront antérieurs au XVIII° siècle: les vases et autres poteries étrusques, à l'exclusion des imitations des poteries de l'espèce, les tableaux de toute sorte, les cadres, les miniatures et autres peintures sur toile, bois, cuivre, marbre, etc., les émaux, les verres avec peintures fines; les verres anciens dits de *Venise* et les vieux vitraux; les épreuves de daguerréotype, à l'exception de celles sur papier qui suivent le régime des gravures et lithographies, les pièces de mécanique curieuses, etc.

4° Tout ce qui appartient à la numismatique, comme médailles, camées et pierres gravées, antérieures au XVIII° siècle, vieilles monnaies hors de cours, de modèles et types différents, quand elles ne sont qu'en échantillons; médailles, jetons ou pièces de plaisir, même modernes, pourvu, dans ce dernier cas, qu'il n'y ait qu'un petit nombre de chaque espèce, et qu'ils soient notoirement destinés à former collection.

5° Les statues modernes en marbre ou en pierre.

Les tableaux, comme on l'indique ci-dessus, seront admis en franchise, cadre compris, pourvu toutefois que le cadre ne forme que l'accessoire.

Machines et mécaniques.

162. — Machines a vapeur fixes et locomobiles. — Le nouveau tarif conventionnel conserve trois classes de machines à vapeur: 1° les machines fixes avec ou sans chaudières, avec ou sans volants; 2° les machines à vapeur fixes pour navigation, avec ou sans chaudières; 3° les machines locomotives ou locomobiles, traitées jusqu'ici comme machines fixes. Ces diverses espèces de machines se distinguent par des caractères assez tranchés pour qu'il n'y ait pas de confusion possible entre elles.

Autres machines spécialement dénommées. — Les autres machines spécialement dénommées parmi les appareils complets sont soumises à quatre droits différents : 9, 10, 15 et 30 fr.

Parmi les appareils à distiller, à sucre et de chauffage, ceux en cuivre sont seuls désignés nommément. Néanmoins il s'en fabrique aussi en fonte, en fer ou en tôle; s'il en était importé, ils devraient acquitter les droits afférents aux machines non dénommées, 9 fr., 15 fr. ou 20 fr., suivant la proportion de fonte ou de fer entrant dans leur composition. Si ces appareils étaient formés de cuivre et de fonte ou de fer, et que le cuivre en constituât la partie notable, on devrait les considérer comme des appareils en cuivre. On ne perdra pas de vue que les poêles et les calorifères en tôle, ou en fonte et tôle, qui forment les appareils de chauffage, sont taxés nominativement au droit de 10 fr.

Le nouveau tarif, à l'article gazomètres, chaudières découvertes, mentionne aussi seulement ceux qui sont en tôle ou en fonte et tôle. On ne fabrique guère de gazomètres en cuivre; toutefois, s'il en était importé, on les soumettrait au droit de 15 fr., comme appareils en cuivre. Il en sera de même des chaudières découvertes en cuivre qui constituent des appareils d'évaporation.

On considérera comme machines pour le tissage non-seulement les métiers proprement dits, mais encore les machines à ourdir et à parer et tous les autres appareils analogues.

Les machines à peigner le lin et les autres matières textiles seront assimilées aux machines à nettoyer et à ouvrir le lin, la laine, le coton, etc.

163. — Machines-outils. — Comme toutes les machines-outils sans distinction et les machines non dénommées sont passibles du même droit, il suffira, pour éviter de fausses applications, de s'assurer que les machines présentées ne sont pas nommément tarifées.

L'article du tarif conventionnel relatif aux machines-outils se divise en trois classes, ne différant entre elles qu'à raison de la proportion de fonte qu'elles contiennent. Si des difficultés d'appréciation se présentaient, on procéderait, comme il est dit plus haut pour les ouvrages composés de fonte et de fer.

Pièces détachées de Machines.

164. — Plaques et rubans de cardes. — Sont admis au droit de

60 fr. les plaques et rubans de cardes sur cuir ou caoutchouc ou sur tissus purs ou mélangés. Ainsi, on n'aura point, pour appliquer la taxe à l'égard des plaques et rubans sur tissus, à rechercher qu'elle est la nature du tissu.

Un article spécial est en outre réservé dans le nouveau tarif aux plaques et rubans de cuir, de caoutchouc et de tissus *spécialement destinés* pour cardes, c'est-à-dire aux pièces qui doivent recevoir les pointes métalliques. On devra veiller avec soin à ce que l'on n'introduise pas sous cette dénomination des cuirs, des plaques ou bandes de caoutchouc ou des tissus devant servir à un autre usage.

165. — Rots, ferrures ou peignes a tisser. — Il n'est fait mention que des rots, ferrures ou peignes à tisser à dents de fer ou de cuivre. Si les dents étaient en acier, on appliquerait le même droit. Les sérans ou peignes à peigner le chanvre ou le lin, classés parmi les outils d'après le tarif, seront soumis au même droit que les rots, etc.

166. — Pièces détachées en métaux divers non dénommés. — A l'égard des pièces détachées, les distinctions de poids qui sont aujourd'hui la base du tarif général ne se trouvent maintenues que pour les pièces en acier pesant plus d'un kilogr. et celles qui pèsent un kilogr. ou moins. Les pièces en fonte qui ne sont ni polies, ni limées, ni ajustées, rentrent dans la troisième classe des ouvrages en fonte moulée passibles du droit de 5 fr. les 100 kilogr.

Les wagons de terrassement, que le tarif général classe parmi les machines, passent dans les articles de carrosserie.

167. — Cylindres en cuivre ou en laiton. — Les cylindres à impression, en cuivre, *gravés*, sont taxés, d'après le Tarif général, à 15 p. % de la valeur; *non gravés*, ils ont à payer 240 fr. par 100 kil. Le droit est réduit, pour les produits de l'espèce, au taux uniforme de 15 fr. par 100 kil. pour tous les cylindres *gravés ou non*. Les planches à impression, les coins et les clichés en cuivre supporteront la même taxe, excepté les clichés et planches gravées pour impression sur papier rattachés aux caractères d'imprimerie et, comme ceux-ci, passibles du droit de 10 fr.

Les prescriptions du décret du 14 juillet 1853 (*circ. n° 131*) qui, dans l'intérêt de la propriété littéraire et de l'ordre public, sont subordonné à des conditions particulières l'entrée des planches gravées, clichés, coins gravés, etc., demeurent applicables aux objets de l'espèce importés, sous les conditions du Traité, quel que soit d'ailleurs le métal dont ils seraient formés, cuivre, acier, fer rechargé d'acier, etc.

Poteries.

Il ne s'agit ici que des produits de l'industrie céramique, à l'exclusion des poteries de fonte, d'étain, etc., ou des poteries auxquelles auraient été adaptées des parties en métal, et qui seraient passibles, par ce motif du régime afférent aux ouvrages fabriqués avec ces mêmes métaux.

168. — Poteries grossières. — Cette dénomination comprend les produits que le Tarif général range dans la classe de la *poterie de terre grossière*, et de plus :

1° Les carreaux, briques et tuiles qui sont spécialement tarifés au chapitre des matériaux;

2° Les tuyaux de drainage et autres en terre, soumis aujourd'hui à un régime analogue à celui des tuiles bombées;

3° Les creusets en graphite ou plombagine, que le Tarif général assimile aux ustensiles en grès commun pour arts et métiers;

4° Les pipes en terre, que le Tarif général traite comme la faïence commune.

Jusqu'ici il n'y avait pas à distinguer entre les diverses sortes de poterie grossière, pour l'application du droit, cette catégorie de produits étant uniformément taxée. Le tarif conventionnel fixe, au contraire, un régime différent, sauf, pour les articles qu'on vient de citer, suivant qu'ils sont ou non avec décoration à relief, multicolores ou unicolores.

169. — Poterie de grès. — Les termes de poterie de grès, malgré leur généralité, ne s'appliquent qu'à la poterie de grès *commun*; c'est ce qu'indique, au surplus, le texte du tarif conventionnel où la poterie de grès fin est reprise à part. Le nouveau tarif établit, comme le tarif général, deux catégories d'objets en grès commun : mais la première, au lieu de comprendre tous les ustensiles d'arts et métiers, ne comprend plus que les ustensiles et appareils pour *la fabrication des produits chimiques*. Les ustensiles et objets destinés à tous autres usages rentrent dans la seconde catégorie avec la vaisselle de table et de cuisine.

170. — Faïence stannifère, pate colorée, glaçure blanche. — On n'entend pas, par ces mots, trois sortes de produits différents : Les expressions : *pâte colorée, glaçure blanche* ne sont que des désignations secondaires de la faïence à *glaçure stannifère*.

La faïence stannifère comprend tous les produits que le tarif général désigne sous la dénomination de *faïence commune*, et de plus certaines espèces de fabrication moderne, telles que les majoliques, q[ui] ont été jusqu'à ce jour considérées comme faïence fine, à l'importatio[n] en France où ils ne se fabriquent industriellement qu'en minim[e] quantité; ces produits sont à glaçure colorée, unicolores ou multic[o]lores. Ce sont des articles variés de forme, de dimension et dessin mais qui consistent principalement en objets d'ornementation tels qu[e] vases ou coupes d'une assez grande capacité, ou en sièges de jardins.

Le régime de faïence stannifère pâte colorée, glaçure blanche, [ne] devra, en conséquence, être appliqué qu'aux objets constituant [la] faïence commune, à l'exclusion de toute faïence décorée.

171. — Porcelaines de toute sorte (blanche ou décorée), parian [et] biscuit blanc. — Le tarif conventionnel taxe toutes les porcelaines a[u] même droit. Par ces mots : *porcelaine décorée*, on doit entendre cell[es] qui sont peintes ou revêtues de dessins.

Quant au parian, c'est un produit analogue à la porcelaine, qui [a] plus ou moins l'apparence de marbre de Paros (de là son nom). Il se[rt] à fabriquer des statuettes, des vases d'ornement, etc.

Le nouveau tarif ne mentionne que le biscuit *blanc*, mais il n[e] parle pas du biscuit peint. De même qu'il n'y aura plus à distingu[er] entre les porcelaines blanches ou décorées, on devra pareillement tra[i]ter le biscuit peint comme le biscuit blanc.

Il n'est rien changé, d'ailleurs, au régime de la porcelaine dite *[de] Réaumur*, qui continuera à être traitée comme les verres et cristaux.

Les chiques en porcelaine, au contraire, qui n'avaient été assimilé[es] aux chiques en agate qu'à raison de l'élévation du droit afférent à [la] porcelaine, devront être admises comme celle-ci, moyennant le dro[it] de 10 p. 0/0.

Verrerie et Cristallerie.

172. — Petits miroirs. — Aujourd'hui, les petits miroirs ne so[nt] admissibles qu'autant qu'ils sont étamés; bruts ou simplement poli[s] ils sont frappés de prohibition. Le tarif conventionnel n'établit aucun[e] distinction à cet égard, et il y aura lieu, dès lors, d'admettre a[u] droit uniforme de 10 p. 0/0 tous les petits miroirs étamés ou non éta[]més, polis ou non polis.

Le Tarif général fixe une mesure de hauteur et de largeur maximu[m] au delà de laquelle les miroirs rentrent dans la classe des grands mi[]roirs ou glaces. Le tarif conventionnel règle le classement, non plu[s] d'après ces dimensions, mais d'après la superficie des miroirs; quell[e] que soit la hauteur ou la largeur des miroirs, il suffit, pour qu'il[s] soient traités comme petits miroirs, que le produit de la multiplica[]tion de ces deux dimensions soit inférieur à un mètre carré.

173. — Grands miroirs ou glaces. Glaces brutes. — Le Tarif géné[]ral ne permet l'admission des grands miroirs que s'ils sont polis quant aux glaces brutes ou pièces non polies, il les a prohibées comm[e] verre à vitre. En vertu du tarif conventionnel, les glaces brutes son[t] nominativement tarifées.

174. — Glaces polies et étamées. — Est supprimée toute distinc[]tion entre les glaces étamées et celles simplement polies, ainsi qu[e] toute taxe différentielle suivant l'épaisseur et la superficie des unes e[t] des autres. Une seule quotité de droit remplace ainsi les vingt-quatr[e] qui figurent au Tarif général.

175. — Bouteilles. — Les tarifs conventionnels lèvent la prohibi[]tion dont sont frappées les bouteilles vides. Il établit d'ailleurs u[n] droit unique pour les bouteilles de toute forme et de toute dimension bouteilles ordinaires, dames-jeannes, simples flacons ou fioles.

Il est entendu que l'on continuera de ne percevoir le droit sur le[s] bouteilles pleines, qu'autant qu'elles contiendraient des liquide[s] exempts de droits, ou taxés au net ou à la mesure.

Il n'y aura plus lieu d'admettre au droit des bouteilles les petit[s] flacons en cristal servant au transport de certaines substances telle[s] que les essences à l'égard desquels le Tarif général autorise de déroge[r] à la prohibition, quand ils ne forment manifestement que l'accessoire. La prohibition des cristaux étant levée, ces flacons suivront doréna[]vant le régime qui leur est propre.

176. — Verres a vitres. — Il s'agit ici exclusivement du verre à vitre ordinaire, à teinte plus ou moins blanche, parfois un peu verdâtre dans les qualités inférieures, qui sert habituellement aux vitriers. Il n'est question notamment, ni du verre à vitre de couleur, ni du verre à vitre poli.

177. — Verres de couleur. — Il y en a de deux sortes : les uns sont colorés dans la masse : les autres sont plaqués, c'est-à-dire formés de verre blanc recouvert d'une couche mince de verre coloré. On devra s'appliquer à établir cette distinction, car la valeur des verres plaqués s'élève parfois jusqu'au double de celle des verres simplement colorés.

178. — Verres polis. — Il s'agit notamment d'un verre connu en Angleterre sous le nom de *patent-glass*. C'est une sorte de verre à vitre double qui est soumis aux différentes opérations du polissage des glaces. Il est d'une belle qualité et sert à faire des encadrements de

axe, des miroirs de petite dimension, des plaques photographiques, etc.

179. — Gobeleterie et cristaux. — Il serait difficile d'indiquer ici s caractères distinctifs de cette catégorie de produits, de formes et usages très-variés. Il suffit de dire qu'elle comprend, en général, us les articles de service de table, de pharmacie, d'éclairage, etc. Du este, la difficulté ne consiste pas dans le classement des objets, mais ans la détermination de leur valeur. Sous ce rapport, on devra s'assurer d'abord s'il s'agit de verre ordinaire ou de cristal, ou d'un produit intermédiaire tel qu'il s'en fabrique en France et en Belgique ous le nom de demi-cristal. La transparence et la densité du verre, le on plus ou moins pur et prolongé qu'il rend, quand on le frappe légèrement, sont des signes qui suffisent généralement pour faire reconnaître la nature du produit. Mais la valeur dépend principalement de a main-d'œuvre qu'a reçue l'objet; et, à cet égard, il n'est possible 'indiquer aucune base d'appréciation précise. On peut dire seulement que la gobeleterie, autre qu'en cristal, n'est soumise, le plus souvent, u'à une main-d'œuvre peu importante, et, quant aux cristaux, on eut les classer en quatre catégories : la première, dont les prix noyens sont le moins élevés, comprend les cristaux blancs unis ou noulés, de force ordinaire, sans autre taille que le pointil ou la flette ; a deuxième, les verres et cristaux non colorés taillés, les verres et ristaux colorés unis et les articles d'éclairage non colorés gravés ; la roisième, les articles de lustrerie et les cristaux de couleur autres que eux d'une seule couleur unie ; enfin, la quatrième, les cristaux coorés et taillés ornés de gravures, peintures, dorures, de bronze, etc.

Il doit être bien entendu qu'il ne s'agit ici que d'indications générales qui n'ont rien d'absolu. Ainsi, par exemple, le cristal mince ou lemi-mince qui appartient à la première catégorie, a généralement une valeur aussi grande ou plus élevée même que les cristaux de la seconde ou de la troisième classe.

Les cristaux avec ornement ou monture en bronze ou autre métal, acquitteront la taxe des cristaux sur la valeur cumulée du cristal et de la monture, à moins que celle-ci ne soit présentée isolément, auquel cas elle ne serait soumise qu'au droit des ouvrages en métaux, suivant l'espèce.

Vitrifications.

180. — Les vitrifications comprennent dans une même catégorie tous les produits ci-après désignés ; il faut remarquer que les vitrifications montées en or faux, qui étaient prohibées comme ouvrages en métaux, devront être admises au droit des vitrifications de toute espèce par application de la règle relative au régime des produits mélangés.

Vitrifications en masses *ou* en tubes. — Les vitrifications *en masses* ont la forme des creusets dans lesquels la matière vitrifiable a été fondue ; ce sont ainsi des espèces de cônes. Ces masses, dont on fait des pierres à bijoux, sont transparentes : elles ont ordinairement en hauteur 169 millimètres : en diamètre, 189 millimètres à la base et 81 millimètres au sommet. Chacune d'elles pèse environ 12 à 15 kilogrammes. On admet les masses brisées en fragments irréguliers aux mêmes droits que les cônes entiers.

Les *tubes à tailler* sont les uns transparents, les autres opaques ; ils sont percés comme les tuyaux de pipe en terre, et plus ou moins gros. On en fait des grains à enfiler.

Vitrifications en grains percés. — Les grains *percés* taillés ou non taillés, qu'ils soient transparents ou opaques, se divisent en deux classes :

1° Ceux *pour chapelets* et *colliers*, dits *rocailles* et *rassades*, lesquels sont le plus souvent en grosses masses, qui pèsent depuis 5 hect. jusqu'à 2 kil. 5 hect. l'une, selon la grosseur des grains, et qui se vendent presque toujours au poids. On range dans cette classe les vitrifications en petits tubes percés, appelées dans le commerce *grains à canon* ;

2° Les grains propres à broder ou à faire des ouvrages de tricot, ou des colliers et des chapelets. Ces grains sont toujours en petites masses de 120 rangs seulement et du poids de 4 à 10 décagrammes l'une. Le travail des grains de verre de l'espèce est soigné, c'est-à-dire qu'ils sont arrondis et percés régulièrement, sans offrir de vives arêtes aux deux côtés. Le commerce les appelle *charlottes*. On ne distingue pas de ceux-ci les grains *taillés*, qui sont à peu près de même grosseur et sont groupés par masses de 80 ou 100 rangs ; ils se vendent également à la masse.

Vitrifications taillées pour pierres a bijoux. — Elles imitent les pierres précieuses, et sont *taillées*, comme celles-ci, soit en brillants, soit en roses, soit de toute autre manière. On y assimile les yeux d'émail.

Les vitrifications pour pendants d'oreilles, *simplement soufflées ou coulées dans des moules à facettes*, sont assimilées aux *Vitrifications en grains percés*, soit, ou non, qu'elles aient été polies à la meule, ou même qu'elles aient été dorées. Ce sont de simples verroteries, habituellement creuses, qui conservent la forme du moule dans lequel elles ont été obtenues, tandis que les vitrifications taillées pour pierres à bijoux sont toujours massives, et doivent leur forme au travail de l'ouvrier ou à l'action de la roue.

181. — Émaux. — La dénomination d'émaux, ne s'applique point ici, suivant son acception usuelle, aux peintures en émail, lesquelles rentrent dans la classe des objets de collection, mais seulement, à l'émail en gâteaux ou en baguette ou en poudre autre que bleue. L'émail en poudre bleue continuera donc à suivre le régime de l'azur, et l'émail monté le régime de l'orfèvrerie ou des ouvrages en métaux, suivant le cas.

182. — Verreries non dénommées. — Rentreront désormais dans cette classe divers articles qui n'en avaient été distraits qu'en raison de la prohibition, notamment : les jouets d'enfants, classés par le tarif général dans la bimbeloterie, les maillons en verre pour métiers et les tissus en grains de verre, rangés dans la mercerie fine, et le verre filé, assimilé aux vitrifications en grains percés pour broderie.

Taxes complémentaires. — Un grand nombre des produits de verrerie sont passibles, indépendamment des droits de douanes, d'une taxe complémentaire représentant le droit de consommation perçu sur le sel employé à la fabrication des similaires français.. Cette taxe est spécifique, sauf pour les glaces à l'égard desquelles elle se calcule d'après la superficie. Elle est reprise au tableau des droits, soit cumulativement avec le droit de douane quand l'unité sur laquelle doit porter la perception est la même, soit séparément, si cette unité est différente. La taxe supplémentaire n'est pas applicable aux cristaux proprement dits ni aux verreries à base de potasse, mais seulement aux produits à base de soude. En cas de doute, on devrait recourir à l'expertise légale.

Industries textiles.

184. — Fils de lin et de chanvre. — On divise les fils de lin et de chanvre en deux classes, celle des fils *écrus* et celle des fils *blanchis* ou *teints* ; le blanchiment coûtant aussi cher que la teinture, il a été admis qu'un régime différent pour les fils blanchis et pour les fils teints n'avait plus sa raison d'être.

Tout fil ayant reçu *un degré quelconque* de blanchiment sera considéré et traité comme fil blanchi. Les fils crémés et ceux auxquels on a donné la couleur jaunâtre par des moyens artificiels, par exemple à l'aide d'un oxyde de fer, suivront le régime des fils blanchis ou teints. Il en sera de même *des lumements*, c'est-à-dire des fils grossiers fabriqués avec des étoupes blanchies et dont on fait des mèches pour lampions, cierges, chandelles, etc., etc.

Les fils ourdis en chaîne sont assimilés aux fils retors. Quant aux fils de cordonnier, ils ne seront traités comme fils retors qu'autant qu'ils auraient subi l'opération du retordage : s'ils étaient simples, ils suivraient le régime des fils simples, soit écrus, soit teints. La disposition de la loi du 9 juin 1845, d'après laquelle les droits sur les fils retors se perçoivent à l'entrée proportionnellement à la quantité de fils simples qu'ils contiennent, est applicable aux fils importés dans les conditions du traité.

On croit devoir rappeler que, les fils non tissés qui forment le bout des pièces de toile de lin ou de chanvre sont passibles du droit qui leur est propre d'après leur degré de finesse ou leur état, lorsqu'ils sont importés séparément.

Vérification des fils. — Les fils de lin ou de chanvre sont filés à la main ou à la mécanique. Aucune règle particulière n'est suivie pour le dévidage et l'empaquetage des fils provenant du filage à la main. Ceux qui ont été filés à la mécanique sont, au contraire, habituellement empaquetés d'une manière uniforme, et ils portent alors un numéro qui, s'élevant en raison du degré de finesse des fils, en indique la longueur pour un poids donné. Pour les fils anglais, par exemple, le numéro indique combien de fois on doit trouver, dans le poids d'une livre anglaise, une longueur de 274 mètres 32 centimètres (300 *yards*). Ainsi les fils du numéro 10 mesurent 2,743 mètres (3,000 *yards*) à la livre anglaise; ce qui correspond à 6,048 mètres par kil.

Dans le système anglais, les fils sont ordinairement dévidés en échevettes d'un périmètre de 2 mètres 286 millimètres (2 *yards* 1/2). L'échevette a le plus souvent 120 tours ; elle mesure alors exactement 300 yards ou 274 mètres 32 centimètres, soit la longueur qui est le point de départ du numérotage : 12 de ces échevettes ou 6 échevettes de 240 tours forment un écheveau. Les écheveaux sont empaquetés en bottes de 100, 50, 25 ou 12 écheveaux 1/2, selon le plus ou le moins de finesse du fil. Quelquefois l'échevette a 100 tours au lieu de 120, 200 tours au lieu de 240 ; quelquefois aussi le périmètre en est de 1 yard 1/2 ou de 3 yards (1 *mètre* 3716 ou 2 *mètres* 7432 *dix millimètres*), au lieu de 2 yards 1/2 ; mais cela est fort rare.

En France, c'est d'après le système métrique que se règle le numérotage des fils. Le numéro 1 répond à 1,000 mètres au demi-kil. : le numéro 10, à 10,000 mètres, etc.

Le rapport approximatif des numéros métriques aux numéros anglais est représenté par la fraction 3/10. Ainsi le numéro 10 anglais répond à peu près au numéro 3 métrique, soit à 3,000 mètres au demi-kil. ou à 6,000 mètres au kil.

185. — FILS DE JUTE. — Le tarif général confond dans une même catégorie, le phormium tenax, l'abaca et le jute. Ce dernier produit forme, au contraire, à ses différents états, une division à part dans le tarif conventionnel. Il importe donc de s'attacher attentivement à reconnaître le jute des autres végétaux filamenteux.

Il n'est pas établi de types pour déterminer le dégré de finesse des fils de jute. Mais les classes n'en sont pas nombreuses, et, de plus, la tarification spéciale dont ils sont l'objet, s'arrête aux fils mesurant plus de 6,000 mètres au kilogramme. Il ne s'agit donc que de gros fils dont le classement n'offrira pas de difficultés dans la pratique.

Le tarif conventionnel ne distinguant pas entre les fils simples et les fils retors de jute, il y a lieu de traiter les fils de jute retors, même à plusieurs bouts, comme fils simples.

Fils de coton.

186. — FILS RETORS. EXPLICATIONS GÉNÉRALES. — Deux catégories distinctes des droits sont établies pour les fils retors.

L'une comprend les fils retors en deux bouts, formés de fils simples doublés sur eux-mêmes et soumis à une torsion plus ou moins forte pour arriver à une identification complète. On les emploie en général comme matière première d'une autre fabrication. Les numéros les plus gros sont utilisés pour la bonneterie; on se sert des plus fins pour le tulle ou pour former la chaîne des tissus mélangés, tels que les orléans, alpagas, etc.

La seconde catégorie comprend les fils retors en trois bouts ou plus, et se subdivise en fils tordus à simple torsion et en fils tordus à plusieurs torsions ou *câblés*. En général, les fils retors à trois bouts sont destinés à la couture ou à la broderie et sont fabriqués avec des cotons de choix et des fils simples de la valeur la plus élevée.

Les fils à deux bouts sont ordinairement importés à l'état d'écru et tels qu'ils sont enlevés de la broche à retordre. Les fils retors à trois bouts et plus, c'est-à-dire les fils à coudre ou à broder, sont au contraire, en général, blanchis et surtout disposés en pelotes sur des bobines en bois ou en petits écheveaux.

Dans les habitudes du commerce, le fil retors est toujours désigné d'après le numéro du fil simple entrant dans sa composition. Ainsi, un kil. de fil simple n. 40, qui renferme 80,000 mètres, ne renferme plus quand il est retors à deux bouts, que 40.000 mètres: à trois bouts, que 26,666 mètres; à quatre bouts, que 20.000 mètres. Cependant il appartient toujours au n. 40.

Le numéro exprime le nombre d'écheveaux nécessaires pour former un poids donné. Ce poids, dans le système métrique, est le demi-kilogramme: dans le système anglais, la livre anglaise.

La livre anglaise est égale à 453 grammes 5 décigrammes.

L'écheveau du système métrique mesure 1,000 mètres: ainsi le numéro 10 *(système métrique)* contient 10 écheveaux ou 10.000 mètres au demi-kil. L'écheveau est lui-même divisé en 10 échevettes, chacune de 100 mètres de longueur totale, et qui sont formées de 70 tours de 1 mètre 428 millimètres de développement.

Dans le système anglais, l'écheveau mesure 840 yards (768 *mètres 10 centimètres)*; par conséquent le numéro 10 *anglais* contient 10 écheveaux de 840 yards (7.681 *mètres*), par livre anglaise. L'écheveau se compose de 7 échevettes, chacune de 120 yards (109 *mètres 72 centimètres)* et ayant 80 tours de 1 yard 1/2 *(1 mètre 371 millimètres)* de développement.

Dans l'un et l'autre système, le nombre d'écheveaux se réduit à moitié, au tiers, au quart, etc., s'il s'agit de fils retors à deux bouts, à trois bouts, à quatre bouts, etc.

On trouve le nombre de mètres par demi-kil., soit le numéro du système métrique auquel correspondent les numéros anglais, en multipliant par 846 mètres 85 cent. le chiffre exprimant ces numéros.

Un autre mode de vérification, qui peut être suivi quand il n'y a pas mélange de fils d'inégale finesse, consiste à s'assurer que le numéro *anglais* a été exactement indiqué. Les écheveaux étant toujours réunis en coques ou torsades, qui contiennent 20 de ces écheveaux en fil simple ou l'équivalent en fil retors *(10 écheveaux de fil à deux bouts, 5 écheveaux de fil à quatre bouts, etc.)*, on doit trouver un nombre de coques égal, par livre anglaise, au vingtième du chiffre exprimant le numéro, ou, plus simplement, pour deux livres, au dixième de ce chiffre: ainsi 17 coques pour un paquet de deux livres du numéro 170; 34 coques pour un paquet de 4 livres du même numéro, etc. On compte les coques, et, lorsque leur nombre a été trouvé en rapport avec le poids constaté, il suffit de reconnaître par des épreuves si elles ont le nombre d'écheveaux voulu, si l'écheveau est régulièrement formé de 7 échevettes, enfin si les échevettes ont 80 tours, du périmètre de 1 mètre 371 millimètres.

187. — FILS RETORS A TROIS BOUTS ET PLUS. — Les fils retors à trois bouts et plus comprennent particulièrement les fils à coudre et à broder. Ils se divisent en deux catégories distinctes: les fils retors en une seule opération et les fils câblés ou retors en deux opérations. Les fils à trois bouts sont le type de la première catégorie et les fils à six bouts sont les plus connus dans la seconde; cependant il existe aussi des fils retors à quatre bouts et des fils câblés en neuf bouts et en douze bouts.

188. — CHAINES OURDIES. — Les fils de coton ourdis en chaîne sont soumis à la même tarification à l'état écru, blanchi ou teint, que les fils retors en deux bouts, selon l'espèce et le degré de finesse. L'opération qui consiste à bobiner, ourdir et parer des fils de coton pour chaînes est pratiquée en France comme à l'étranger, spécialement par un système mécanique dit *écossais*. Au moyen de ce système les fils des divers numéros sont disposés en chaîne suivant les besoins variés de l'industrie et on les prend en cet état pour être placés immédiatement sur les métiers.

189. — FILS DE LAINE. — Il est établi deux catégories pour les fils retors: l'une embrasse les fils retors pour le tissage et l'autre les fils retors pour tapisserie

La longueur du fil retor se détermine en multipliant cette longueur par le nombre de bouts dont le fil est formé.

190. — FILS DE POILS. — La convention maintient le régime qui est actuellement applicable aux fils de poils de chèvre; tous les autres fils de poils sont repris dans le tarif conventionnel sous la dénomination de poils non spécialement tarifés bruts, et filés, et sont affranchis de droits à l'entrée.

191. — FILS ET TISSUS MÉLANGÉS. — MOYEN DE RECONNAITRE LES MÉLANGES. — La vérification des fils et des tissus mélangés est une des opérations les plus difficiles surtout lorsque la proportion dans laquelle chaque matière domine dans le mélange ne sera pas accusée d'une manière suffisamment précise.

Certains mélanges sont faciles à reconnaître, ceux notamment dans lesquels entrent le crin et la plupart des poils.

Il est indispensable de connaître les moyens de distinguer les fils de coton des fils de lin.

D'une part le fil de lin est droit et lisse, tandis que celui de coton est toujours un peu ondulé: les écheveaux qui ont été pressés ensemble se séparent aisément quand ils sont de lin, tandis que lorsqu'ils sont de coton ou mélangés de cette matière il y a toujours entre eux une sorte d'adhérence. D'autre part, le coton est beaucoup plus léger que le lin, et l'on peut juger, même à la main, quel est celui de deux écheveaux de même volume qui est de lin ou de coton. Enfin, la nature de ces deux filaments se reconnaît par la sensation différente qu'ils produisent au toucher: le lin est froid, et en enfonçant les doigts dans la masse des écheveaux on ressent une sorte de fraîcheur; le contraire se manifeste si c'est du coton. On distingue aussi facilement les tissus de poils de chèvre des fils de laine.

Le fil de poil de chèvre, lorsqu'il est pur, est brillant et plus gros dans ses fibres que le fil de laine. Examiné à la loupe ou au microscope, il offre une apparence lisse et droite, tandis que la laine filée se montre plus mate, plus fine dans ses fibres; elle est aussi plus tortillée et pour ainsi dire plus frisée que le poil de chèvre.

Pour s'assurer que tel tissu est de coton et non de lin ou de chanvre, on lui fait, s'il est nécessaire, subir le débouilli du savon pour en ôter l'apprêt; ensuite on dégage quelques fils, on les détord entre les doigts, on les défile, et c'est à la longueur des filaments primitifs qu'on reconnaît leur nature. Si ces filaments ont plus de 40 millimètres (18 lignes) de longueur on est assuré qu'ils ne sont pas de coton.

Pour reconnaître dans un tissu les fils de coton des fils de soie, on prendra plusieurs pièces dont on effilera les bouts. Les fils qu'on aura détachés seront divisés autant que possible, et l'on présentera successivement chaque brin au feu, pour en vérifier la nature. Ce moyen est aussi simple qu'infaillible: la soie comme toutes les matières animales ne brûle que pendant le contact avec le feu; dès qu'on la retire, la combustion s'arrête, tandis que le coton s'enflamme et se consume rapidement dans toute la longueur du fil soumis à l'expérience. Si le fil était double, et que l'un de ces brins seulement fut de coton, il brûlerait de même après avoir été seulement allumé et consumerait aussi le brin de soie.

Ainsi le fait matériel de la combustion du fil, après qu'il a été retiré, dénote qu'il est de matière végétale, que le tissu est d'espèce prohibée, et qu'il y a lieu de saisir.

Ce procédé ne laissant aucune incertitude, il est peu nécessaire d'insister sur les autres signes de reconnaissance qui résultent encore de ce qu'en brûlant, la soie se crispe, se boursoufle, et exhale une odeur particulière à toutes les substances animales, comme la laine et la plume.

Pour reconnaître la laine entrant dans un tissu mélangé, on prend un gramme de l'étoffe qu'on veut éprouver ; on le fait bouillir, durant trois quarts d'heure, à la température de 100 degrés, dans une quantité suffisante d'hydrate de sodium ou dissolution de soude à 8 degrés de l'aréomètre ou à 1058 de densité : ensuite on lave et on fait sécher ce qui reste de l'échantillon. On le pèse, et son poids donne la quantité de fil ou de coton qui entrait dans le gramme d'étoffe soumis à l'épreuve. Tout ce qui a été dissous était de la laine.

Le *phormium tenax* donne un filament solide, mais rude et difficile à travailler, et ces caractères se retrouvent dans les fils qui en sont formés. L'abaca ou chanvre de Manille fournit une très-belle matière blanche, soyeuse et brillante. Le jute, plus difficile à travailler que le lin, exige plus de force, donne plus de poussière, et il faut le graisser généralement avec de l'huile de poisson pour le filer; l'odeur qu'il contracte ainsi se reconnaît encore après sa transformation en fils ou en tissus.

Pour les tissus mélangés composés de fils de nature différente, il n'apparaît pas que l'on puisse recourir à un procédé autre que l'effilage d'un fragment, dont on pèse ensuite, à l'aide d'une balance de précision, les divers éléments. Quand les fils formant le tissu, sont au contraire, composés de matières différentes filées ensemble, il y a lieu encore de procéder à l'effilage, puis on opère sur les fils comme il a été dit dans le paragraphe précédent.

Enfin, en cas de doute, on devrait recourir à l'expertise des commissaires experts institués, par la loi du 27 juillet 1822, près le département de l'agriculture, du commerce et des travaux publics, et à qui appartient le soin de juger les dissidences qui peuvent s'élever entre la douane et les déclarants quant à la nature et à la qualité des produits. Dans ce cas, et s'il s'agissait de produits taxés à la valeur, l'expertise locale, s'il y avait lieu d'y recourir pour le contrôle de la valeur, viendrait après l'avis des experts du Gouvernement et pourrait entraîner, indépendamment des poursuites pour fausse déclaration dans l'espèce ou la qualité, toutes les conséquences résultant d'une atténuation de valeur. La marchandise devrait alors nécessairement être retenue en attendant la décision à intervenir.

Tissus de Coton.

192. — Sous la dénomination de tissus de coton unis, croisés, doivent entrer toutes les toiles unies ou croisées, depuis les cretonnes les plus lourdes, jusqu'aux organdis et aux mousselines de l'espèce la plus légère, le linge de lit, de table, les mouchoirs, etc.

Sont applicables aux tissus de coton les dispositions mentionnées à l'article tissus de lin ou de chanvre, en ce qui concerne: 1° les fractions de fil ; 2° les toiles écrues ayant dans la chaîne un ou plusieurs fils de couleur ; 3° la toile à liteaux pour linge de table, de toilette.

On ne perdra pas de vue non plus que les toiles de coton peintes par tout autre procédé que l'impression suivront le régime des toiles imprimées. Quant à la toile cirée pour emballage ou pour ameublement, tentures, etc., elle est reprise spécialement dans les tarifs conventionnels résultant des traités conclus avec la Belgique et l'Angleterre. On assimilera à la toile cirée, la toile peinte sur enduit pour tapisserie, ainsi que les toiles avec marbrures pour tapis de pied, de table ou de carrosserie.

193. — Velours. —Le tarif des velours est fort simple ; il divise ces tissus en deux classes: les velours façon soie (dite Velvet), et les velours autres (cords, moleskins, etc.).

Le velours velvet est une étoffe à surface coupée et par conséquent *pelucheuse* et à duvet.

Le velours moleskins et cords, au contraire, est une étoffe rase, épaisse, unie ou à côtes.

194. — Piqués, — Il existe une grande variété de piqués. Il sont plus ou moins épais. Leur travail se distingue par un façonné en losanges plus ou moins grand. On les emploie particulièrement à la confection des layettes, des vêtements d'enfant, on en fait des jupons, des camisoles, etc. Les piqués les plus fins servent pour les gilets. On fabrique aussi des couvertures de lit en piqué, soit à losanges, soit avec de grands dessins.

195. — Basins. — On ne connaît généralement que deux sortes de basins : l'un qui consiste en un tissu avec une côte rayée en long, en relief ; l'autre présente une côte gauffrée qui donne de l'élasticité au tissu quand on le tire dans sa largeur : il ne subit aucun apprêt.

196. — Façonnés. — Le mot façonné est générique : il s'applique aux tissus sur lesquels il existe un dessin à la Jacquart ou ouvré sur le métier à l'ancien système, par exemple, par le procédé propre au linge de table ; les rayures satinées ou ouvrées sont des damassés. Les piqués, les basins, qui ont été décrits plus haut, et les damassés et brillantés dont il est question ci-après sont eux-mêmes des variétés de ce qu'on appelle *façonnés*.

197. — Damassés. — On entend par linge *damassé* celui qui, étant travaillé *lisse* comme le damas de soie, et sans aucun des fils saillants qu'on remarque dans le linge ouvragé, se fabrique avec des métiers à la tire ou à l'aide de ceux dits *à la Jacquart*, ce qui permet d'obtenir des dessins variés et compliqués, par exemple, des fleurs, des bouquets, des ornements, etc. Les nappes et serviettes damassées ont presque toujours un encadrement plus ou moins riche, mais sans dessin différent de celui du fond.

Voir le mot *Damassé* à l'article Tissus de lin et de chanvre.

198. — Brillantés. — Le brillanté se compose d'un calicot ou madapolam avec application de dessins ouvrés sur le métier s'il sont petits, et avec l'emploi du métier à la Jacquart quand les dessins sont grands. La largeur de ces tissus est, en général, de 80 à 82 centimètres ; il s'en fabrique de prix très-variables. Le dessin n'en augmente pas la valeur; la finesse seule du tissu en fait le prix et c'est sur ce point que doit, dès lors, porter spécialement l'attention du service.

199. — Tulles. — Le tulle est un tissu à mailles, léger, transparent et imitant la dentelle, qu'on fabrique sur des métiers de différents systèmes. Il y a plusieurs sortes de tulles ; les uns sont unis, les autres façonnés, c'est-à-dire ornés de fleurs ou de dessins. Les tulles en bandes *façonnés*, qu'on appelle *tulles fantaisie* ou *tulles nouveautés*, sont ceux qui offrent le plus de ressemblance avec la dentelle.

Parmi les moyens donnés pour distinguer le tulle de la dentelle voici ceux qui paraissent les plus sûrs :

En saisissant un des fils du tulle et en tirant ce fils à soi, on peut l'avoir dans toute la longueur de la pièce, et cela diagonalement aux lisières.

Si l'on introduit une épingle dans une maille de tulle, quel qu'il soit, on l'élargit facilement, tandis que la plupart des dentelles ne laissent pas évaser ainsi leurs mailles, celles-ci étant arrêtées au moyen d'un nœud.

Les mailles du tulle offrent, dans leur contexture, une complète uniformité, ce qui est la conséquence de l'action régulière des moyens mécaniques employés pour leur fabrication. Dans les dentelles, au contraire, qui sont presque toutes faites à la main et aux fuseaux, les mailles n'ont pas forcément cette uniformité, et très-souvent elles présentent des différences. On s'en aperçoit difficilement à l'œil nu ; mais on peut aisément le reconnaître avec un verre grossissant.

Dentelles et blondes. — La blonde est un réseau orné de dessins fabriqués à la main et aux fuseaux à la manière des dentelles.

Les tulles avec application de dentelles suivront le régime de la dentelle et non celui des tulles brodés.

200. — Gazes et mousselines, brochées ou brodées, pour ameublement et pour tentures. —.Cette classe comprend notamment les rideaux brochés ou brodés. On doit faire remarquer ici que les gazes et les mousselines unies suivent le régime des tissus de coton unis selon l'espèce.

201. — Broderies a la main. — Cette désignation embrasse les broderies en coton faites à la main sur tissu de coton comme sur tissu de lin ou de chanvre, quel que soit l'instrument dont se soit servi l'ouvrier, aiguilles, crochet, etc. Les broderies à la mécanique autres que les gazes et mousselines pour ameublement rentrent dans la classe des articles non dénommés.

202. — Articles non dénommés. — La bonneterie de coton qui n'est pas reprise spécialement aux tarifs conventionnels franco-belge et franco-anglais fait partie des articles non dénommés, comme tous les autres objets qui n'ont pas été désignés nommément.

Tissus de Laine.

203. — L'application du tarif des tissus de laine pure ne peut donner lieu à des difficultés. Chaque catégorie de produits est bien tranchée et, à l'exception : 1° des lisières de drap coupées ou entières qui sont affranchies de droits ; 2° des chaussons de lisière avec ou sans semelles ou garnitures, passibles de la taxe de 10 p. 0/0 ; 3° des vêtements vieux qui acquittent un droit de 20 fr. par 100 kil., tous les tissus de laine pure sont passibles, uniformément, de la taxe de 15 p. 0/0 *ad valorem*.

Tissus de Poils de chèvre.

204. — Les tissus de poils de chèvre, autres que les châles et écharpes de cachemire des Indes, suivent le régime des tissus de laine.

Les tissus, les bordures ou franges de cachemire fabriqués à la main dans les pays hors d'Europe suivront, pour l'application des traités, le régime établi à l'égard des châles et écharpes de cachemire des Indes.

Les tissus de poils de vache sont tarifés spécialement à raison de 10 p 0/0 de la valeur.

205. — Soies et fils de soie. — Le tarif des soies et soieries, tel qu'il est réglé par le traité, est fort simple.

Il se résume ainsi :

Libre entrée des soies de toute sorte, sauf une exception qui doit cesser en 1864, et qui a pour objet les soies à coudre, à broder et à dentelles. Ainsi, la franchise est applicable dès à présent aux soies en cocons, aux soies écrues (y compris les douppions), grèges et moulinées, teintes, autres qu'à coudre, à tapisserie et à dentelles. Les déchets de soie qui comprennent les cocons percés, tachés, bassinés, les costes, les frisons ou moresques, les bourres de soie écrues ou teintes en masse, sont aussi exempts de droits.

206. — Bourre de soie. — La bourre de soie peignée est frappée d'un droit de 10 fr. par 100 kil.

207. — Fils de bourre de soie. — Des droits spécifiques sont établis sur les fils de bourre de soie, simples, retors, écrus, blancs, azurés ou teints. Ces droits sont de deux quotités, l'un de 75 cent., pour les fils mesurant au kil. plus de 80.500 mètres simples ou moins; l'autre de 1 fr. 20 cent., pour les fils mesurant plus de 80,500 mètres simples. Pour les fils retors à plusieurs bouts, la longueur doit être, pour l'application du droit, multipliée par le nombre de bouts.

Tissus de soie.

208. — Tissus de soie pure. — Est libre l'entrée des tissus de soie pure, d'origine ou de fabrication belge. Sont, dès lors, exempts de droits les foulards, les étoffes unies, façonnées, brochées, les couvertures, les tapis, la gaze, et la bonneterie, la passementerie et les lacets, quand ils sont en soie pure. Une exception est faite, toutefois pour les crêpes façon d'Angleterre.

Ce crêpe est très-tort, ferme et solide; il a l'aspect de l'ancien burail crêpé de laine; le grain allongé, forme des sillons obliques, profonds, persistants et d'une irrégularité étudiée. Le crêpe anglais est presque toujours teint en noir et est approprié aux vêtements de deuil : il comporte l'emploi de soie de Bengale et de Chine, tandis que les plus belles soies de France forment la tissure de notre crêpe.

209. — Tulles. — Le tulle de soie se fabrique comme le tulle de coton. Il faut savoir le distinguer de la dentelle, de la gaze et de la blonde, lesquels, pour l'application des tarifs conventionnels, sont admis en franchise quand ils sont de soie pure

On doit se reporter à l'article tulle de coton pour avoir les caractères qui distinguent le tulle des dentelles. Voici des indications propres à faire reconnaître la gaze et la blonde. La gaze est un tissu simple, fait comme la toile au métier de tisserand avec une chaine et une trame. La blonde est un réseau orné de dessins et fabriqué à la main et aux fuseaux à la manière des dentelles.

Les tulles unis, écrus, sont passibles du droit de 20 fr. par kil.; apprêtés, ils acquittent le droit de 15 p. 0/0 de la valeur.

Ces deux sortes de tulle sont faciles à distinguer. Les tulles façonnés, c'est-à-dire ornés de fleurs ou dessins, sont assujettis à une taxe *ad valorem* de 10 p. 0/0, qu'ils soient écrus ou apprêtés.

210. — Tissus de bourre de soie façon cachemire. — On entend principalement par la désignation ci-contre les châles de bourre de soie fabriqués à l'imitation des châles de cachemire. Ces produits suivront le régime des tissus de bourre de soie en général.

211. — Tissus de soie ou de bourre de soie et rubans de soie ou de bourre de soie mélangés, la soie dominant en poids. — On se reportera aux explications données en ce qui touche les moyens de reconnaitre les mélanges.

212. — Vêtements et articles confectionnés. — Les vêtements et articles confectionnés en soie suivent le régime des tissus dominant en poids dans leur fabrication. Ainsi il seront traités, suivant le cas, soit comme tissus de pure soie et admis alors en franchise, soit comme tissus de bourre de soie pure ou de soie et bourre de soie, soit comme tissus de soie ou de bourre de soie avec or ou argent fin, mi-fin ou faux, soit comme tissus de soie et bourre de soie mélangés dans lesquels la soie ou la bourre de soie dominent en poids. Mais s'il s'agissait de vêtements ou articles confectionnés dans lesquels la soie ou la bourre de soie ne fût que l'accessoire la partie non dominante en poids', les objets dont il s'agit seraient, suivant qu'il y aurait lieu, traités comme confections en coton, en laine, etc.

Tissus de lin et de chanvre.

213. — Toiles unies. — Le tarif conventionnel relatif aux toiles unies réduit à deux le nombre des catégories qui existent dans le tarif général, savoir : 1° les tissus écrus; 2° les tissus blanchis, teints ou imprimés, lesquels forment ainsi un seul groupe. La toile à matelas, pour laquelle le tarif général établit une tarification spéciale, suit le régime des toiles selon l'espèce. La toile cirée et la toile peinte sur enduit, pour tapisserie, font l'objet d'un tarif distinct de celui des tissus de lin.

214. — Fractions de fils. — Une dérogation est apportée aux dispositions des lois des 6 mai et 9 juin 1841, qui prescrivent de compter comme fil entier tout fil qui, dans l'espace de cinq millimètres, apparait plus ou moins découvert.

Pour l'application du tarif conventionnel, les fractions de fil doivent être négligées dans tous les cas.

215. — Fils doubles ou triples. — Conformément à ce qui est réglé à titre général d'après un avis du comité des arts et manufactures en date du 14 janvier 1837, les fils doubles de la chaine des toiles à voiles et les fils doubles ou même triples des toiles qui servent à la confection des seaux à incendie ne doivent être comptés que comme une unité.

216. — Toiles écrues ayant dans la chaine un ou plusieurs fils de couleur. — N'est pas applicable la disposition de la loi du 6 mai 1841 qui assujettit au droit des toiles teintes les toiles écrues ayant, dans la chaine ou la trame, un ou plusieurs fils de couleur. D'après le principe sur lequel est basé l'ensemble du tarif conventionnel, c'est la partie dominante qui doit déterminer le droit à percevoir. Or, les toiles dont il s'agit, l'écru dominant, il y a lieu de les considérer comme toiles écrues.

La même règle sera observée à l'égard de la toile à liteaux pour linge de table ou de toilette; cette toile, lorsqu'elle est écrue, doit suivre le régime de l'écru, alors même que les liteaux sont en fil de couleur.

Trois types ont été arrêtés pour servir à l'application des droits sur les toiles écrues et blanchies. Le type n° 1 est applicable aux toiles de 8 fils et moins, le type n° 2 sera applicable aux toiles de 9 à 12 fils inclusivement; le type n° 3 sera appliqué aux toiles de 13 fils et au-dessus.

217. — Tissus blanchis. — Toute toile qui a reçu, avant ou après le tissage, un degré de blanchiment qui en a rendu la nuance supérieure aux types, doit être rangée dans la classe de la toile blanche. Sont particulièrement de ce nombre les toiles dites amidonnées et les toiles de Flandres connues sous le nom de *petite aunette*. Quant aux toiles dites blondines, dont la nuance est sur la limite séparative des deux espèces, c'est la comparaison avec les types qui décidera de leur classement parmi les toiles écrues ou parmi les toiles blanches.

218. — Toiles teintes. — On ne doit traiter comme teintes que les toiles qui ont reçu une teinture proprement dite. Celles auxquelles il a été donné une teinte plus foncée que la couleur naturelle, au moyen d'une simple immersion dans de l'eau qui contient en suspension, soit de l'oxyde de fer, soit du noir de fumée ou de l'ardoise pilée, doivent être admises comme écrues. Tel est le cas, notamment, pour les toiles grisâtres et pour les toiles dites jaunâtres dont la plupart se fabriquent en Écosse.

219. — Toiles peintes. — Les toiles peintes par tout autre procédé que l'impression doivent suivre le régime des toiles imprimées. Quant à la toile peinte sur enduit pour tapisserie, que le tarif général taxe spécialement, elle rentre, pour l'application du tarif conventionnel, dans la classe des toiles cirées.

220. — Toiles cirées. — Les toiles dont il s'agit ici sont reprises, dans le tarif conventionnel, sous la rubrique, *articles divers*, et paient 5 fr. ou 15 fr. par 100 kil., suivant qu'il s'agit de toiles cirées pour emballage ou bien pour ameublement, tentures ou autres usages.

Les toiles préparées pour la peinture restent assimilées aux toiles cirées. Il y aura lieu de soumettre également à ce dernier régime les toiles cirées, avec marbrures ou dessins, dont on se sert pour tapis de pied, de table ou de carrosserie.

221. — Treillis, serpillières, etc. — Les treillis, les serpillières et les canevas en fil de lin ou de chanvre suivent, comme d'après la règle générale, le régime des toiles unies de moins de huit fils.

222. — Toile d'ortie. — La toile d'ortie cesse de suivre le régime des toiles de lin et de chanvre. Elle rentre, pour l'application du tarif conventionnel, dans la classe des tissus fabriqués avec des fils de phormium tenax, abaca et autres végétaux filamenteux non dénommés.

223. — Coutils. — Le coutil pour *tenture* ou *literie* est une toile croisée, quelquefois blanche, mais le plus souvent rayée en couleur, avec laquelle on fait des lits de plumes, des oreillers, des tentes, des stores, etc. Sa largeur est ordinairement de 1 mètre 20 cent., et va quelquefois jusqu'à 1 mètre 60 cent. Le coutil de l'espèce se distingue par une croisure qu'on appelle en fabrique croisure *en forme de V*.

Les coutils pour vêtements comprennent toutes les toiles croisées de pur fil qui servent à l'habillement des hommes ou des femmes. Ces coutils n'ont que 72 à 90 centimètres de largeur au plus. Leur croisure est unie ou coupée par des raies satinées, ou enfin elle offre toute autre combinaison de tissage que la simple croisure *en V* du coutil à lit.

On assimile aux coutils *pour vêtements*, bien que ce ne soient pas des tissus *croisés*, les tissus dont les fils de la trame sont doubles et que l'on emploie pour faire des pantalons. Ces tissus ont la force et l'épaisseur du coutil.

(Voir pour le coutil ouvré articles confectionnés.)

224. — Tulle. — On ne fait guère de tulle de fil. Les caractères de

e tissu et les signes auxquels on le distingue de la dentelle sont les mêmes que pour les tulles de coton.

225. — Linge damassé. — Est supprimée la classe de linge de table figurant au tarif général, et qui se divise en linge de table ouvragé et linge de table damassé. Pour l'application des conventions, le linge de table ou tout autre, ouvragé, rentre dans la classe des tissus de lin ou de chanvre unis ou ouvrés. Le linge damassé seul continue d'être taxé séparément, d'après un droit à la valeur, de sorte que l'on n'a pas à s'occuper d'examiner s'il est écru, blanchi ou teint : il n'y a pas non plus à rechercher si le linge damassé est linge de table ou non ; ainsi, dans cette catégorie peuvent se trouver compris des articles servant pour tout autre usage, tels que la toile à matelas, les tapis d'escalier ou de corridor, les dessus de table, etc. (Voir pour le linge damassé ouvré, *articles confectionnés*).

On ne doit considérer comme toiles damassées que celles qui sont fabriquées à l'aide des métiers dits à *la Jacquart*.

226. — Linge ouvragé présentant une chaine en fil écru et une trame en fil blanc ou teint. — Le linge ouvragé dont le travail présente une chaîne en fil écru, et une trame en fil blanc ou teint doit être rangé dans la classe des tissus blanchis, etc.

227. — Mouchoirs encadrés. — Les mouchoirs suivent le régime des toiles unies, que l'encadrement soit en fil ou en coton et quelle que soit la largeur de cet encadrement, toutes les fois qu'il est uni. Si l'encadrement est brodé soit en fil, soit en coton, il y a lieu d'appliquer aux mouchoirs le régime afférent d'après le tarif conventionnel aux broderies à la main.

Pour les mouchoirs formés de toiles écrues à fils de couleur existants, soit dans le corps du tissu ou seulement dans l'encadrement, ils doivent, par application du principe rappelé ci-dessus en ce qui concerne les toiles unies, être considérés comme écrus.

228. — Linon et batiste. — Le tarif conventionnel soumet ces tissus au même régime que les toiles unies. Les définitions pour reconnaître le linon et la batiste de la toile sont donc ici sans application. Il y aura lieu, par contre, de distinguer pour ces deux tissus suivant qu'ils seront écrus ou blanchis.

Les nouveaux types arrêtés pour les tissus unis serviront pour le classement de ces deux espèces de produits.

229. — Passementerie et rubannerie. — Est supprimée toute distinction, sous le rapport du droit, selon que ces objets sont écrus, blanchis ou teints. A cette classe sont rattachés les rubans à jour qui, d'après le tarif général, sont soumis à une tarification spéciale.

230.— Articles de lin ou de chanvre confectionnés en tout ou en partie.— Vêtements. — Ces deux articles sont passibles d'un droit de 15 p. 0/0 de la valeur. Ils comprennent tous les ouvrages en tissus de lin ou de chanvre complétement ou incomplétement façonnés pour tout usage quelconque. Néanmoins, le coutil et le linge damassés confectionnés doivent, comme ces tissus eux-mêmes, acquitter le droit de 16 p. 0/0 de la valeur.

Les sacs en toile importés vides suivront, d'après la règle générale lorsqu'ils seront neufs, le régime de la toile dont ils sont formés. Quant aux sacs usagés, ils rentrent dans la classe des articles d'emballage ayant servi, et sont, à ce titre, admissibles en franchise de droits.

231. — Tissus épais pour tapis de pied. — Les tissus épais pour tapis de pied ne sont pas repris par le tarif conventionnel. Ce sont des tissus ayant moins de huit fils aux cinq millimètres, et qui doivent suivre, par conséquent, le régime des toiles unies de la première classe, écrues ou teintes, suivant l'état dans lequel ils seront présentés.

Le tarif général assimile à ces tapis les tapis en tissus d'abaca, de jute, d'aloès, qu'ils soient ou non teints, et les petits tapis d'appartement, en filaments de coco, avec ou sans bordure en laine, montés sur canevas en fils de chanvre. Le tarif conventionnel taxe spécialement les tapis de jute, ras ou à poil, à raison de 32 francs les 100 kil. Pour les tapis en tissu d'abaca, de jute, d'aloès, et les petits tapis en filaments de coco, ils doivent suivre le régime des tissus en phormium tenax, abaca, et autres végétaux filamenteux non dénommés lesquels sont imposés à raison de 10 p. 0/0 de la valeur.

232. — Indications sur les tissus de jute en général. — Le jute peut avoir un grand nombre d'usages. Il se mélange surtout avec le lin, dans les toiles communes et particulièrement dans les damassés gris et blancs de basse qualité ; il sert à faire des tissus à très-bas prix, des toiles légères et creuses comme on en consomme en Amérique, blanches ou avec rayures ou carreaux de couleur. Ces tissus ont ordinairement 7, 8, 9 fils ou un peu au-dessous : ils pèsent beaucoup moins et ont encore beaucoup moins de valeur que nos grosses toiles de lin et de chanvre.

Les toiles de jute ont ordinairement en chaine quelques fils de coton pour former les lisières ou pour figurer une espèce de liteau. Quand il s'agira simplement de lisières, cette circonstance ne mettra pas obstacle à ce que les tissus soient traités comme purs, à moins que les intéressés ne préfèrent l'application du régime des tissus mélangés. Au surplus, comme les mélanges ont lieu surtout en écru, le coton est alors facile à reconnaître.

L'emploi le plus considérable du jute est dans la fabrication des grosses toiles unies ou croisées pour sacs ou emballages qu'en Angleterre on appelle *bagging* et *sacking* et de tissus un peu plus légers aussi pour sacs dits *hessias*. Tous ces tissus ont moins de huit fils. Ils ont en outre un point commun : ils sont tous très-grossiers ; mais, à part cela, ils forment en général des catégories bien déterminées. Ces toiles sont faciles à distinguer des toiles de lin et de chanvre : le toucher est autre que celui du chanvre ; la couleur est différente de celle du lin ; et l'huile de poisson qui a servi à la filature laisse, comme on l'a dit déjà, une odeur très-reconnaissable.

Enfin le jute sert à faire des tapis, et même des moquettes à poil, auxquels on parvient à donner un très-beau coloris, mais qui, en général, est peu solide. C'est encore une nouveauté. Quant aux tapis ras, ils sont généralement à rayures ou à carreaux et destinés à garnir les corridor ou les escaliers.

233. — Tissus de jute. — Les tissus de jute sont divisés en tissus écrus et en tissus blanchis ou teints. Au-dessus de huit fils, ils suivent le régime des fils de lin. Le type arrêté pour les toiles de moins de huit fils servira seul dès lors pour l'application du tarif spécial aux tissus de jute.

Il n'est établi de distinction entre les tissus de jute unis et les tissus de jute croisés que pour les tissus de un, deux et trois fils ; ceux qu'on importe presque exclusivement. Pour les classes supérieures, les tissus de jute croisés doivent être traités comme les tissus unis.

Les explications données en ce qui concerne les tissus de chanvre, sous le rapport des restrictions d'emballage, des fractions de fils, des fils doubles ou même triples, des fils à liteaux de couleur et des toiles peintes sur enduit pour tapisserie, sont entièrement applicables aux tissus de jute.

La règle ci-dessus indiquée à l'égard des sacs en toile de lin ou de chanvre est applicable aux sacs fabriqués avec des fils de jute.

234. — Tissus de phormium-tenax, d'abaca et autres végétaux filamenteux non dénommés, y compris les tissus d'écorce. — Les tissus d'écorce suivront le régime des tissus de phormium-tenax, d'abaca et autres végétaux filamenteux non dénommés.

Les uns et les autres acquitteront le droit de 10 p. 0/0 de la valeur, qu'ils soient purs ou qu'ils soient mélangés, le phormium tenax, l'abaca et les autres végétaux filamenteux dominant en poids. Si le mélange avait lieu avec d'autres filaments spécialement taxés, le lin, le chanvre, le coton, et que ces derniers végétaux dominassent en poids, le régime à appliquer alors serait celui des tissus de lin ou de chanvre, de coton, etc., mélangés.

235. Feutres de toute sorte. — On doit comprendre sous cette dénomination tous les feutres prohibés ou non d'après le tarif général ainsi que les objets assimilés, désignés ci-après :

1° Les chapeaux en feutres ;

2° Les chapeaux formés d'une carcasse en carton recouverte de toile cirée et que l'on appelle communément chapeaux de *toile cirée* ;

3° Les chapeaux dits de *soie*, qui sont formés de même d'une carcasse en carton, en toile ou en gros feutre, recouverte de peluche ;

4° Les casquettes en feutre, en peluche et en toile cirée ;

5° Les shakos *non garnis* :

Les shakos *garnis en cuir* suivent le régime des ouvrages en cuir *non dénommés* ;

6° Le feutre à doublage est un feutre grossier, saturé de goudron, dont on fait usage pour calfater les navires en l'appliquant, à cet effet, entre le bois et les feuilles de métal servant à doubler les embarcations.

On assimile au feutre à doublage un feutre imprégné d'asphalte, destiné à couvrir des serres ou autres bâtiments.

7° Les étoffes en laine fabriquées comme les feutres et qui, obtenues par le foulage seulement, n'ont ni chaîne, ni trame, et ne présentent par conséquent ni filure, ni croisure.

Enfin, le feutre à filtrer, les semelles en feutre, le feutre verni et peint pour tapis ou surtouts de table, celui qu'on emploie pour faire des visières, les *galettes*, qui sont les carcasses en feutre grossier sur lesquelles on monte les chapeaux de soie, etc.

236 — Boutons autres que de passementerie. — Toute la boutonnerie anglaise ou belge est assujettie au droit uniforme de 10 p. 0/0 de la valeur. Une seule exception a été faite pour les boutons de passementerie proprement dite, c'est-à-dire pour les boutons de fantaisie ornementés habituellement à la main et qui servent généralement à l'usage des femmes : Les boutons de cette espèce devront être soumis, pour l'application des traités, au régime des tissus dont ils sont formés (passementerie ou articles non dénommés).

ERRATA.

Page 5, 2e colonne, 3e §. — INSTRUCTIONS GÉNÉRALES. — Ajouter *Nice* à la nomenclature des ports ouverts à l'importation directe et à l'acquittement des tissus anglais ou belges taxés à la valeur.

Page 8. — A l'article : *Boutons autres que de passementerie, communs ou fins,* mettre, entre parenthèse, le n° 236.

Page 22. — A l'article : *Tissus de lin ou de chanvre,* mettre, entre parenthèse, au talon de l'accolade, les nos 213 à 219, 221 et 222.

Marseille. — Imprimerie et Lithographie Senès, rue Paradis, 36.

www.ingramcontent.com/pod-product-compliance
Lightning Source LLC
LaVergne TN
LVHW012016160826
845678LV00002B/861

* 9 7 8 2 3 2 9 6 6 6 7 9 2 *